POSITIVIDAD TÓXICA

Whitney Goodman

POSITIVIDAD TÓXICA

El antídoto contra las *Good Vibes Only*

DIANA

Título original: *Toxic Positivity. Keeping it Real in a World Obsessed with Being Happy*

Traducción: Rodrigo Pérez Montes

Diseño de portada: Planeta Arte & Diseño / Anilú Zavala
Ilustración de portada: Nuria Mel
Fotografías de portada: iStock
Diseño de interiores: Victor Santacruz
Fotografía del autor: 2020 Nick Garcia Photography

Bajo el sello editorial DIANA M.R.
Avenida Presidente Masarik núm. 111,
Piso 2, Polanco V Sección, Miguel Hidalgo
C.P. 11560, Ciudad de México
www.planetadelibros.com.mx

Primera edición impresa en México: agosto de 2022
ISBN: 978-607-07-9032-4

Impreso en los talleres de Litográfica Ingramex, S.A. de C.V.
Centeno núm. 162-1, colonia Granjas Esmeralda, Ciudad de México
Impreso y hecho en México – *Printed and made in Mexico*

Índice

Para mi esposo.

En las buenas y en las malas,

te elijo a ti.

Introducción

Te mereces más que solo buenas vibras

Apuesto a que hay tres posibles razones por las que tienes este libro entre las manos:

1. Has sido afectado por la positividad tóxica y estás harto.

2. No sabes qué es la positividad tóxica, pero te interesa averiguarlo.

3. No tienes idea de cómo la positividad *podría* llegar a ser tóxica y estás decidido a averiguar de qué blasfemia sinsentido hablo en este libro.

No importa cuál sea la razón, me alegra mucho que estés aquí.

Al igual que muchos aspirantes a terapeutas, me interesé en el tema por motivos que no entendía del todo en ese entonces. Sabía que me gustaba ayudar a las personas y que estaba obsesionada con aprender de sus historias. Pero más adelante descubriría (con la ayuda de mi terapeuta) que en realidad me interesaba dedicarme a la profesión porque pensaba que, si aprendía todo sobre las relaciones y la psique humana, podría curar a todos mis seres queridos y nunca volvería a sentir dolor. Colegas terapeutas y futuros terapeutas, sé que ustedes me entienden.

Así que entré en el campo con los ojos muy abiertos y la mirada delirante. Estaba obstinada y encerrada en mí misma. Quería que mis clientes se mostraran vulnerables, sin necesidad de serlo yo misma. Pensé que arreglaría a las personas, pero nadie necesitaba que lo arreglara; solo necesitaban sentirse escuchados y apoyados. Pensé que sería la oradora sabelotodo, pero soy la oyente. Pensé que me entendería a mí misma y al mundo, pero ahora tengo más preguntas que antes. Pensé que podría cambiar a todos a mi alrededor; en lugar de eso, aprendí que la única persona a la que podía cambiar era a mí misma. Puede ser que mis motivaciones para entrar al campo hayan sido un poco equivocadas, pero, ¡uff!, me alegro mucho de estar aquí.

Amo ser terapeuta y siempre me he sentido como una especie de oveja negra entre mis colegas. Nunca he sido el tipo de terapeuta que medita, toma té o practica yoga. Mi voz es demasiado fuerte, no uso suéteres tejidos y odio todas las citas «inspiradoras» pegadas en las paredes. Traté de suavizarme un poco. Intenté eso de las afirmaciones y de todas esas intervenciones que te dicen «conéctate con tu niño interior y dale un poco de amor». No pude hacerlo. Así es como me he sentido al leer la mayoría de los libros de autoayuda y psicología en el mercado. Todos me dan la impresión de ser demasiado amables, condescendientes. Yo quiero decir las cosas como son y ser honesta. Tuve una pequeña crisis de identidad como terapeuta novata, y no fue sino hasta que comencé a publicar mis pensamientos en Instagram como @sitwithwhit cuando me di cuenta de que había algo valioso en cómo quería presentarme al mundo.

El 1.º de febrero de 2019 estaba navegando en Pinterest y vi una cantidad impresionante de frases de autoayuda y «motivacionales» que la gente compartía miles de veces. Los colores brillantes y las tipografías fantasiosas me irritaban. Me sentí desconectada y preocupada por las personas que las vieran mientras se encontraran en un estado vulnerable. Empecé a elaborar un tablero de Pinterest para acuñar las frases «inspiradoras» y «motivacionales» que me molestaban, y he seguido recolectándolas a lo largo de los años —de hecho, ese tablero sirvió de inspiración para la portada de la edición en inglés de este libro—. Ese mismo día compartí uno de mis primeros gráficos en Instagram, refiriendo algunas de esas citas de Pinterest como «positividad tóxica», y proporcionando afirmaciones alternativas que, desde mi perspectiva, ofrecían más validación y esperanza. Esta fue mi primera publicación «viral», y mi pequeño grupo de seguidores se multiplicó después de compartir este gráfico.

Me sorprendió la cantidad de personas que estaban de acuerdo con mi postura y la manera en que la frase *positividad tóxica* resonaba para ellos. También fue la primera vez que enfrenté una cantidad significativa de críticas y rechazo en línea de personas que no estaban de acuerdo con mi postura. He seguido haciendo publicaciones sobre la positividad tóxica, en relación con el dolor de una pérdida, el racismo y otros temas importantes a lo largo de los últimos años, y son algunas de mis publicaciones más populares y controversiales hasta la fecha. Sabía que había encontrado algo importante, pero ni siquiera me imaginaba cuánto resonaría este tema para los demás.

La positividad tóxica es algo de lo que he sido consciente desde hace mucho tiempo, pero para lo cual no tenía un nombre. Lo vi en mi propia casa cuando era joven, se distribuía en las redes sociales; en los servicios religiosos; en la escuela, y al final, en mi formación como terapeuta, inclusive con mis clientes. Me di cuenta de que era algo con lo que todos contribuíamos; aunque, a puerta cerrada, todos me decían cuánto lo odiaban. Yo también lo hacía; sentía como si yo misma tuviera que ser parte de eso, o me considerarían «negativa». Se había colado en mi vida personal y profesional; una vez que lo noté, resultaba difícil ignorarlo.

Puede que apenas me haya dado cuenta de este fenómeno, pero la verdad es que ha existido desde hace siglos. Académicos, periodistas e investigadores como Sara Ahmed, Audre Lorde, Barbara Ehrenreich, Gabriele Oettingen y bell hooks han cuestionado la persecución frenética de la felicidad y han expuesto con elocuencia su naturaleza destructiva en todo el mundo; sobre todo en las comunidades marginadas. Sus trabajos me ayudaron a entender de mejor manera lo persuasiva que se ha vuelto la positividad tóxica. Aun cuando ha habido una gran cantidad de investigaciones sobre la ineficacia de la positividad en diversas situaciones, la comunidad de autoayuda continúa propulsando la positividad y la persecución de la felicidad en cada oportunidad. Me propuse hallar una manera de sacar estas investigaciones de la torre de marfil de la academia y trasladarlas al mundo moderno.

Mis clientes y mi vida personal son la verdadera inspiración de este libro y la razón de su existencia. Esta carrera me ha brindado el privilegio de sentarme en un cuarto con cero distracciones y de llegar a conocer a las personas de una manera profunda todos los días. Es una experiencia única, que me ha enseñado muchísimo sobre la vida, el mundo y la naturaleza humana. Cada paciente me ha cambiado de alguna manera. Estoy muy agradecida por la humanidad, la lucha y la perseverancia que he atestiguado dentro de las paredes de mi consultorio. He tomado diferentes historias de mis años como terapeuta y las he combinado con diversas investigaciones sobre pensamiento positivo, emociones, relaciones y motivación, para ayudarte a comprender cómo la positividad puede volverse tóxica y qué podrías hacer en su lugar. He modificado todos los detalles de identidad para salvaguardar el anonimato de mis clientes. Espero que estas historias te ayuden a sentirte un poco menos solo y que te den una idea de la gran cantidad de personas que se sienten como tú.

Este es un libro que he estado escribiendo en Instagram y en mi oficina desde hace años, aun sin saberlo. Es honesto, auténtico y real. Es un libro para personas que quieren saber cómo pueden apoyarse a sí mismas y a los demás. Es para personas que están cansadas de fingir que están felices todo el tiempo: en el trabajo, con sus amigos y en las redes sociales. Están cansados de que les arrojen buenas vibras a cada oportunidad y de que les digan que todo pasa por algo. Escribí este libro para las personas que no han sido capaces de mostrar una vida perfecta. Lo escribí para los seres humanos con demasiados sentimientos y demasiados pensamientos. Lo escribí para mí y lo escribí para ti.

Pareciera que la felicidad y la positividad se han convertido en una meta y en una obligación. A cada rato nos dicen que debemos ser más agradecidos o más positivos. Si algo sale mal en tu vida, es porque has tenido una «mala actitud» o porque «no te esfuerzas lo suficiente». Me sorprenden las formas en las que la positividad tóxica se ha infiltrado en tantos aspectos de nuestras vidas. Lo vemos en el lugar de trabajo, en nuestros hogares y en nuestras relaciones. También es una fuerza poderosa que ayuda a que el sexismo, el racismo, la homofobia, la transfobia, el capacitismo, el clasismo y otros tipos de prejuicios permanezcan. Está en *todas partes*.

He revisado todo lo que sabemos sobre la historia del pensamiento positivo y de la investigación sobre cómo podemos hacerlo mejor y vivir mejor. Quería que este libro fuera fácil de leer y de entender, al mismo tiempo que fuera absolutamente práctico. *Positividad tóxica* se divide en nueve capítulos y cada uno toca una historia distinta sobre la positividad tóxica. Si te interesa una revisión extensiva sobre este tema, la manera en la que nos impacta y qué hacer en su lugar, te recomiendo leer este libro de inicio a fin. Para aquellos que tengan interés en ir directamente a los detalles y procedimientos, siéntanse libres de saltar a los capítulos que abordan sus necesidades y experiencias específicas.

El pensamiento positivo ha sido empaquetado y vendido como la cura para todos nuestros problemas. Desde buenas vibras y calcomanías para el auto hasta una infinitud de afirmaciones con diseños mediocres en Instagram, playeras con frases optimistas y gurús que prometen que estás a tan solo un pensamiento positivo de la felicidad, constantemente nos dicen que «ver el lado bueno» nos ayudará a evitar sentimientos y experiencias difíciles. Puede que este libro te haga sentir algo más que placer, felicidad o buenas vibras. Puede arrojar luz sobre hábitos o frases que se han convertido en parte de tu léxico diario. Puede que te haga sentir un poco incómodo. Espero que te haga pensar y reconsiderar todas las maneras en las que podrías estar reprimiendo tus propias emociones y necesidades en nombre de la felicidad. También espero que te haga pensar sobre todas las formas en las que te has empequeñecido o condicionado a ser más complaciente en la búsqueda de buenas vibras. Deseo que te ayude a expresar tus necesidades y a desarrollar relaciones basadas en más que un buen rato.

Si este libro te permite hacer espacio en tu vida para lo bueno, lo malo y lo feo, puedo decir que hice bien mi trabajo.

Solo sé positivo.

Si fuera tan fácil o efectivo, todos lo estaríamos haciendo. Date la oportunidad de experimentar lo que significa ser humano, con lo bueno y lo malo.

Capítulo 1

¿Qué es la positividad tóxica?

Imagina que acabas de perder tu trabajo. Estás en modo de pánico total. Tu mente va a mil por hora y no tienes idea de lo que vas a hacer con tu vida.

Decides compartir esto con un amigo. Tu amigo te mira y sonríe. Parece que se está preparando para decirte algo importante. ¿Podría ser la validación que necesitas en este momento? ¿Quizás sabe de una gran oportunidad de trabajo? Observas cómo parece explorar las profundidades de su sabiduría interna para decir por fin: «¡Al menos ahora tienes todo el tiempo libre! Podría ser peor. Piensa en lo mucho que vas a aprender de esto».

La positividad tóxica ha hecho su entrada.

Te congelas y piensas: «¿Me estará escuchando? ¿En serio se supone que debería estar agradecido porque acabo de perder mi trabajo?».

No estás seguro de cómo deberías reaccionar. No te sientes agradecido, ¿entonces cómo demonios se supone que deberías responder? Ya estabas estresado, y ahora esta conversación te hace sentir totalmente incomprendido. Así que dejas de lado tus sentimientos y dices: «Sí, gracias».

Ahora no solo no tienes trabajo, sino que también te sientes distanciado de tu amigo y avergonzado de no poder ver el lado positivo.

Solo están tratando de ayudar

Escucha, esta persona probablemente tiene buenas intenciones. Lo que dijo no es falso: efectivamente, tendrás más tiempo libre y, desde luego, las cosas (siempre) podrían ser peores; y sí, es probable que aprendas algunas lecciones de esta experiencia.

El problema es que todavía no has llegado a ese punto. Aún estás preocupado y molesto. Estás asustado. Tu cuerpo y tu mente están en modo de crisis total, y ningún lugar común, tautología o afirmación trillada va a cambiar eso. Lo que realmente necesitas es apoyo y espacio para elaborar y ordenar tus sentimientos.

La positividad tóxica es el consejo que en teoría nos convendría integrar en nuestra vida, pero que somos incapaces de asimilar en ese momento. En cambio, por lo general nos hace sentir silenciados, juzgados e incomprendidos.

¿Te suena familiar?

Pero... ¿qué no la positividad siempre es algo bueno?

Probablemente hayas experimentado cientos de interacciones como esta. Quizás te estés preguntando: ¿Cómo es posible que la positividad sea *tóxica*? Esa es una palabra muy fuerte. ¿De verdad es tan mala?

Para ser honestos, la positividad es una parte tan integral de nuestra cultura que da miedo desafiarla. A medida que sigo investigando y que escribo sobre el pensamiento positivo, me preocupa constantemente dar la impresión de ser «negativa» al hablar de este tema. Cada vez que trato de hacer retroceder la cultura de la «pura buena vibra», inevitablemente hay personas enojadas, conmocionadas y confundidas. Los comentarios y mensajes inundan mi bandeja de entrada: «¿Cómo podría ser tóxica la positividad? Has perdido oficialmente la cabeza».

Lo entiendo. Es un testimonio de nuestra devoción total a la cultura positiva. Nos han dicho que es la clave de la felicidad, y los médicos, terapeutas y líderes la prescriben regularmente. Tiene sentido que puedas cuestionar a cualquiera que te diga lo contrario. Pero, a puertas cerradas, mis clientes, amigos y familiares me han estado diciendo durante años cuánto desprecian la presión constante de darle un giro positivo a todo. Se sienten desconectados de sus compañeros que les dicen «Todo estará bien» y «Mira el lado positivo». Saben que esto no está funcionando y están desesperados por encontrar otra manera de lidiar con sus problemas.

Entonces, antes de comenzar, aclaremos algo: *la positividad no es del todo mala.*

Cuando se usa correctamente, es genial. Los expertos coinciden en que los sentimientos positivos como la gratitud, la alegría, el optimismo y la confianza en nosotros mismos pueden alargar nuestra vida y mejorar nuestra salud. Muchas de estas afirmaciones son exageradas, pero *sí* hay algo de valor en el pensamiento positivo. Las personas que afirman tener sentimientos más positivos tienen más probabilidades de tener una vida social rica, de ser más activas y de involucrarse en conductas que promueven más la salud. Creo que todos podemos estar de acuerdo en que es saludable sentirse «positivo» cuando ello tiene un origen sincero.

Pero, en algún punto del camino, construimos esta idea de que ser una «persona positiva» significa que eres un robot que tiene que ver lo bueno literalmente en *todo*. Nos imponemos la positividad a nosotros mismos porque la sociedad lo dice, y cualquier cosa distinta se considera un fracaso personal. Se ve la negatividad como el enemigo, y nos castigamos a nosotros mismos y a las personas que nos rodean cuando alguien sucumbe a ella. Si no eres positivo, simplemente no te estás esforzando lo suficiente. Si no eres positivo, estar cerca de ti es una carga para los demás.

La positividad saludable significa hacer espacio tanto para la realidad como para la esperanza. La positividad tóxica niega una emoción y nos obliga a reprimirla. Cuando recurrimos a la positividad tóxica, nos decimos a nosotros mismos y a los demás que esta emoción no debería existir, que está mal y que, si nos esforzamos un poco más, podemos eliminarla por completo.

La positividad saludable significa hacer espacio tanto para la realidad como para la esperanza.

Sé que la gente está cansada de que se les imponga la positividad en momentos de lucha, pero confrontarla y cuestionarla públicamente se siente como si estuviéramos enfrentándonos a algo masivo y generalizado.

Hagámoslo de todos modos.

Vergüenza disfrazada de positividad

Así que perdiste tu trabajo y tu amigo te acaba de decir que no deberías estar enojado. En el momento en que las palabras «Al menos...» salieron de su boca, la conversación había terminado. No había más espacio para tus emociones o para que pudieras procesar la pérdida. Te arrastraron al territorio de la positividad, sin importar que tal vez no estuvieras listo. Así que dejas de compartir y te preguntas cómo diablos podrías llegar a ser más agradecido y positivo sin molestar a nadie con tu estrés, preocupación o vergüenza.

Esta interacción, aparentemente inofensiva, hace que comiences a reprimir tus sentimientos sobre la situación y que actúes como si nada estuviera mal. No te sientes bien; todavía estás triste y sin trabajo. Pero, cada vez que surge una emoción, la apagas. Decides fingir que todo está bien para que se convierta en realidad, solo que no funciona. No puedes dormir bien; no quieres estar rodeado de gente porque entonces tienes que ser falso y estás demasiado nervioso para pedirle consejos a alguien. En lugar de negociar, publicas citas positivas en tu *feed* de Instagram y esperas que tu estado de ánimo cambie.

Así es como entramos en la espiral de vergüenza de la positividad tóxica. Nos enojamos con nosotros mismos por experimentar ese sentimiento, nos decimos a nosotros mismos que no deberíamos sentir esa emoción, y luego nos volvemos a enojar cuando los clichés de «solo sonríe» no nos brindan una positividad infinita. Es una espiral interminable que nos chupa el alma, y quiero ayudarte a salir de ella.

La positividad tóxica es negación

Como terapeuta, paso el día escuchando a la gente hablar sobre sus emociones y experiencias. Este trabajo me da una visión de la experiencia humana que realmente no se puede obtener en ningún otro lugar. La mayoría de las sesiones giran en torno a la palabra *debería*. Las personas sienten que *deberían* ser más felices o que algo que están haciendo les impide ser felices, por lo que regresan a esa espiral de vergüenza positiva. En estos casos, ayudo a las personas a examinar el *deber ser*. ¿Dónde aprendieron eso? ¿Es verdad? ¿Se basa en hechos? ¿Pueden ver la situación de una manera diferente y con otros matices? Otros, como Dave, usan la positividad para negar que las emociones difíciles siquiera existan.

Dave se sienta frente a mí en un diminuto sofá, radiante. Está compartiendo lo bien que se siente y hablando sobre su maravillosa familia. Me comenta que está genuinamente feliz; todo lo que tiene que hacer es esforzarse un poco más. Esta conversación se sentiría normal y bastante prometedora en cualquier otro contexto, excepto por el hecho de que Dave y yo nos reunimos en un centro residencial de salud mental donde él ha sido internado hasta nuevo aviso. Está aquí porque le gusta beber, y algunas personas en su vida piensan que se está saliendo de control. Dave me dice que le gusta beber porque es un tipo feliz y sociable. Él no ve ningún problema con eso y piensa que todos a su alrededor son un montón de aguafiestas. «¿Qué no todos los chicos felices y sociables beben mucho?».

Dave siempre está sonriendo. Verlo ir y venir de la clínica entre los clientes más malhumorados, pensativos y visiblemente en sufrimiento, es confuso e incluso perturbador a veces. Le encanta utilizar el pensamiento positivo como una estrategia de afrontamiento, y está muy orgulloso de su capacidad para parecer siempre feliz. Pero su forma de beber, su incapacidad para experimentar emociones y su falta de relaciones cercanas me hablan de una historia completamente diferente. En realidad, su actitud positiva se ha convertido en un gran problema en nuestras sesiones y en su recuperación.

Debido a su filosofía de vida de «¡todo está bien!», Dave lucha con la expresión emocional. Esto no es tan raro como se podría pensar. No puede acceder a ningún sentimiento que no sea positivo y tiende a cerrarse cuando las cosas se ponen demasiado pesadas. Puedo ver que bebe para lidiar con estos sentimientos, pero Dave tiene problemas con esta conexión. Debido a esto, realmente no podemos procesar nada de su pasado o crear un plan de acción para los problemas futuros con su salud mental. Aceptar que su alcoholismo es un problema ni siquiera está sobre la mesa. Él cree que cualquier lucha se resolverá sola y que no hay nada que una actitud positiva no pueda arreglar. El pensamiento positivo se ha convertido en el escudo de Dave, y hasta que aprenda a bajarlo, el cambio será casi imposible.

Mis clientes que viven vidas más satisfactorias son aquellos que pueden experimentar emociones desafiantes. No solo se esconden detrás de una sonrisa. Ellos trabajan para superar cualquier vergüenza que emerja con la lucha por salir triunfantes. Cuando sabemos que nuestras emociones están ahí para sentirlas y que no son algo de lo que tengamos que huir, es mucho más fácil llegar a un lugar de optimismo porque sabemos que podemos manejar lo que sea que la vida nos presente.

CÓMO LA POSITIVIDAD SE VUELVE TÓXICA

La positividad se vuelve tóxica cuando se usa:

- En conversaciones en las que alguien busca apoyo, validación o compasión, y en su lugar se encuentra con un cliché.

- Al avergonzar a las personas para que sientan que no están haciendo lo suficiente, trabajando lo suficiente o que sus emociones difíciles no son válidas.
- Para avergonzarnos por no ser lo suficientemente felices o positivos.
- Para negar nuestra realidad.
- Para señalar o silenciar a alguien que tiene inquietudes o preguntas legítimas.
- Para decirle a alguien que todo lo malo en su vida es su culpa.

En esencia, la positividad tóxica es tanto bien intencionada como despectiva. A menudo la usamos para:

- Terminar la conversación.
- Decirle a alguien por qué no debería sentir lo que siente.
- Convencer a las personas de que pueden ser felices todo el tiempo (si se esfuerzan lo suficiente).
- Parecer siempre positivo y despreocupado.
- Negar o evitar tu situación actual.
- Evitar asumir la responsabilidad.
- Intentar hacer que la gente se sienta mejor.

La autenticidad importa

Creo que usamos los lugares comunes porque queremos ayudar. No creo que nadie en realidad quiera lastimar a alguien con frases positivas. Es por eso que el concepto de positividad tóxica puede provocar una reacción tan fuerte. Nos hace preguntarnos: «¿Cómo puedo ser tóxico cuando solo intento ayudar?».

Ser sincero y auténtico en momentos de crisis o de dolor es importante. Es cómo nos mostramos el uno al otro y demostramos que estamos escuchando y lo entendemos. No podrás hacer esto siempre para todos, pero puedes hacerlo cuando sea importante. Cuando nos mostramos de manera auténtica, en lugar de usar la positividad tóxica, estamos validando que lo que la otra persona está experimentando es real, empatizamos y no le endulzamos o negamos su experiencia. Puede ser que no estés totalmente de acuerdo con la forma en que la otra persona lo está manejando, o con su interpretación de la situación, pero estás tratando sinceramente de conectarte y de estar presente cuando te necesita. Estás diciendo que la escuchas al sentarte con ella y permitirle que se muestre por completo (de una manera segura, sin transgredir tus límites, desde luego).

¿Recuerdas al amigo que estaba tratando de consolarte cuando perdiste tu trabajo? Sin saberlo aplicó la positividad tóxica cuando te dijo: «¡Al menos ahora tienes todo este tiempo libre! Podría ser peor. Piensa en cuánto vas a aprender de esto». Por supuesto que no pretendía lastimarte. El lenguaje de la positividad no es algo que se invente en el momento. Está arraigado en nosotros. Se nos ha condicionado para repetir estas frases una y otra vez, y hemos escuchado a otras personas usándolas desde que éramos niños. Creemos que la positividad tarde o temprano funcionará (incluso si pensamos que no nos está ayudando). Es como si tuviéramos miedo de admitir que no está funcionando porque tantas veces nos han dicho que debería hacerlo. Tu amigo no es tóxico ni es una mala persona; simplemente está repitiendo lo que le enseñaron a decir innumerables libros de autoayuda, afirmaciones en las redes sociales, amigos y miembros de la familia.

La cuestión es que, independientemente de la intención, el lenguaje importa. Afecta cómo nos vemos a nosotros mismos y al mundo. Las palabras que elegimos influyen en nuestro cerebro y tienen un impacto profundo en la forma en que nos relacionamos con los demás. Si queremos comunicarnos de manera efectiva y hacer que otras personas se sientan apoyadas, primero debemos comprender el mundo en el que viven. Cuando usamos la positividad tóxica, nos enfocamos más en repetir lo que nos han dicho que en escuchar genuinamente, conectar y aprender sobre la persona afligida.

La mayor parte del lenguaje positivo carece de matices, de compasión y de curiosidad. Se presenta en la forma de declaraciones generales que le dicen a alguien *cómo sentirse* y que *el sentimiento que tienen en ese momento es incorrecto*. Estas dos cosas son pistas inmediatas de que la positividad no es sustancialmente útil. Si de verdad quieres ayudar a alguien, estoy segura de que no quieres que se sienta mal. Tautologías como esta pueden volverse especialmente tóxicas cuando alguien comparte algo muy sensible, habla de sus emociones o trata de explicar una dificultad o un conflicto.

Cuando se trata de usar el lenguaje positivo o la positividad, el impacto depende de encontrar el momento oportuno, de tu audiencia y del tema que se está discutiendo.

El momento oportuno

A menudo recurrimos de inmediato a la positividad porque en verdad queremos que las personas se sientan mejor. Esperamos que, si decimos lo correcto, su dolor desaparecerá. También esperamos egoístamente que funcione para poder alejarnos de un tema difícil y ahorrarnos el dolor de estar con alguien que está luchando. Creo que todos podemos admitir que sentarse con alguien que está llorando, angustiado o molesto puede ser difícil. Solo quieres hacer que esa persona se sienta mejor.

Desafortunadamente, moverse demasiado rápido puede llevar a la decepción en múltiples aspectos. Puede hacer que la persona a la que estamos consolando se sienta silenciada y avergonzada, y a menudo terminaremos sintiéndonos ineficaces y desconectados.

Encontrar el momento adecuado es muy importante. Antes de animar a alguien a ver el lado positivo, es importante recordar:

- El tiempo *no* sana todas las heridas. Las personas procesan las cosas a su propio ritmo, y depende de ellas decidir dónde se encuentran en su proceso de sanación.
- Cada quien reacciona de manera diferente cuando experimenta dificultades. A menos de que su reacción te ponga en peligro o sea directamente nociva para ti o alguien que necesita protección (como los niños o los ancianos), está bien dejar que alguien experimente sus sentimientos. No tienes que arreglarlo.
- Las personas a menudo necesitan aceptar la realidad de la situación antes de continuar con su vida.
- No todas las situaciones tienen una olla de oro al final del arcoíris o un lado positivo. Algunas cosas son muy, muy difíciles, y eso está bien.
- Ver a las personas sufrir resulta muy difícil. Ten un poco de compasión hacia ti también.
- Evita usar tautologías positivas:
  - Cuando alguien está llorando por algo que le ocurrió o evidentemente experimenta una emoción difícil.

- Inmediatamente después de que un evento sucede (por ejemplo, justo después de que alguien pierde su trabajo).
- Mientras estás en un funeral o alguien acaba de morir.
- Cuando alguien te dice que solo quiere que lo escuches.
- Cuando alguien te dice que no quiere ningún consejo.
- Mientras un evento inquietante o doloroso está sucediendo.
- Cuando no entiendes a profundidad lo que está sucediendo.

Tu audiencia

Independientemente de la intención, no se puede decidir el impacto de las palabras. La persona que recibe tu apoyo puede determinar si tus tautologías positivas están ayudando o no. Precisamente por esto es tan importante tener en mente a tu audiencia.

Cada vez que le pido a mi comunidad que comparta sus experiencias con la positividad tóxica, muchas respuestas incluyen a Dios o a la religión. Ejemplos como «Están con Dios ahora» o «Todo era parte del plan de Dios» inundan mi bandeja de entrada. Este es un ejemplo perfecto de por qué es importante tener en cuenta a nuestra audiencia. La religión, la fe y Dios pueden ser un gran apoyo para algunas personas, pero no para otras. Cuando usamos nuestros valores o religión para apoyar a otra persona, no estamos teniendo en mente a nuestra audiencia. En cambio, estamos tomando lo que es útil para nosotros y asumiendo que será de apoyo para ellos.

También es cierto cuando estamos hablando con alguien que sufre de depresión. La mayoría de las personas deprimidas quieren ser felices. Saben lo difícil que es llegar allí, y se les recuerda constantemente lo difícil que es alcanzar esa meta. Cuando le decimos a alguien que está deprimido «solo sé feliz», no estamos teniendo en mente a nuestra audiencia. Estamos trivializando su batalla diaria y haciéndola parecer simple. Si pudieran «solo ser felices», ¿no lo habrían hecho ya? Si fuera así de simple, no tendríamos tasas tan altas de depresión en el país y en el mundo.

La persona a la que estás apoyando puede decidir cómo le gustaría recibir apoyo, y tú puedes decidir si estás dispuesto y eres capaz de brindar ese apoyo. Es importante considerar lo que se sabe sobre su situación o lucha actual, y ser sensibles a eso.

Aquí hay algunas cosas para tener en cuenta:

- ¿Esta persona me ha dicho cómo le gustaría ser apoyada?
- ¿Le he preguntado cómo le gustaría ser apoyada?
- ¿Cómo reacciona cuando uso tautologías positivas? ¿Dice «Gracias», o me dice que fui de mucha ayuda? ¿Parece que se siente mejor?
- ¿Parece que la conversación se detiene cada vez que uso una de estas tautologías, o cuando animo a alguien a ser más positivo?

Es importante conocer a tu audiencia y saber cómo les gustaría que les ayudaran. Cuando tengas dudas, ¡pregunta! Esto te permitirá ser la mejor persona de apoyo posible.

Temas difíciles

Ciertos temas son realmente inquietantes y pesados para muchas personas. Mi investigación y el trabajo con mis clientes revelan que la positividad tóxica y las tautologías son particularmente inútiles, incluso dañinas, para los siguientes temas y situaciones:

- Infertilidad y pérdida del embarazo.
- Duelo y pérdida.
- Enfermedad y discapacidad.

- Relaciones románticas, rupturas o divorcios.
- Familia y distanciamiento familiar.
- Problemas de carrera o pérdida del trabajo.
- Apariencia física.
- Tras un evento traumático.
- Embarazo y paternidad.
- Racismo, sexismo, transfobia, homofobia, capacitismo, tamañismo, clasismo u otros tipos de prejuicios.
- Problemas de salud mental.

Estos son temas difíciles. Son muy personales, y tienen muchos niveles. Hablar de cualquiera de estos temas no es lo mismo que quejarse de esperar en una fila larga o decir que te duelen los pies. Estos son problemas que nos sacuden hasta la médula y exponen nuestro lado más vulnerable. Hay que manejarlos con otro tipo de sensibilidad, tanto dentro de nosotros mismos como para los demás. Aquí es donde el verdadero procesamiento emocional es crucial y debe fomentarse. Si te sientes tentado a buscar un lugar común cuando te enteras de estos problemas o los enfrentas tú mismo, haz una pausa. Sintonízate con las emociones más profundas del momento, y trata de responder desde una postura de aceptación y apoyo.

Cómo nos daña demasiada positividad

El pensamiento positivo a menudo resulta tan efectivo como un curita sobre una herida de bala. En lugar de ayudar, produce supresión emocional, que es destructiva para nuestros cuerpos, mentes, relaciones y sociedad. La evidencia indica claramente que la supresión emocional es ineficaz, agotadora e ineficiente en el proceso de adaptación. Lleva a empeorar el estado de ánimo, aumenta los sentimientos negativos sobre las interacciones sociales, alimenta las emociones negativas continuas e incluso disminuye las emociones positivas que pudiera haber presentes. La supresión emocional[1] también tiene consecuencias significativas para nuestra salud física. No importa qué tipo de emoción estés suprimiendo, positiva o negativa, el acto de supresión provoca estrés físico en el cuerpo. Se ha comprobado que afecta la presión arterial y la memoria, además de aumentar el riesgo de diabetes y enfermedades cardiacas.

En un sentido más amplio, una cultura de «pura buena vibra» es tóxica para nuestras relaciones y para la sociedad. Cuando reforzamos que algunas emociones son «malas», nos perdemos la cercanía que se desarrolla a través de la vulnerabilidad. Tristemente, la positividad a menudo se usa como un arma para disminuir la experiencia de ciertos grupos. Cuando decimos cosas como «¿No podemos simplemente amarnos los unos a los otros?» en respuesta a la discriminación, invalidamos las experiencias reales que las personas marginadas viven todos los días. En estas situaciones, la positividad tóxica le atribuye toda la responsabilidad a los individuos, en lugar de a los sistemas y a las instituciones que hacen del pensamiento positivo una solución imposible.

Ejemplos comunes de positividad tóxica y por qué duelen

Mucha gente me ha enviado miles de mensajes sobre los dichos que los invalidan cuando están luchando. Ahora que sabemos que en realidad se trata de encontrar el momento oportuno, de conocer a tu audiencia y de elegir el tema con cuidado, analicemos algunos ejemplos típicos de positividad tóxica y por qué son particularmente inútiles en una variedad de situaciones. Más adelante en este libro, hablaremos sobre lo que podrías elegir hacer o decir en su lugar.

«La vida nunca te dará más de lo que puedes soportar»

Las cosas malas no le suceden a las personas porque pueden soportarlas. Algunas personas no son lo suficientemente fuertes en ese momento para manejar lo que se les ha presentado, y eso está bien. Cuando decimos esta frase, estamos dando a entender que siempre hay una lección en cada desafío, que se ha elegido a las personas para desafíos específicos y que es mejor que estén a la altura de las circunstancias.

«Vas a estar bien»

Decirle a alguien que se encuentra en estado de pánico o de conmoción que estará bien no es para nada convincente ni reconfortante. Por lo general, no se basa en hechos (¿Cómo lo sabes? ¿A qué te refieren con «bien», en todo caso? ¿Qué no es eso muy subjetivo?) y cierra rápidamente la conversación.

«¡No llores!»

Por lo general decimos esto porque nos sentimos incómodos sentados junto a alguien que se pone sentimental. Llorar es útil, normal y totalmente válido. Decirle a alguien que no llore implica que, por hacerlo, está mal, y lo alienta a reprimir sus emociones.

«¡Solo sonríe!»

Decirle a alguien que sonría cuando está afligido es doloroso. Obligar a alguien a ser feliz en un momento de lucha es una forma de opresión.

«Tienes mucho por lo que estar agradecido»

Podemos sentirnos molestos y al mismo tiempo estar agradecidos por lo que tenemos; pero esto puede sentirse despectivo y percibirse como una actitud represiva (porque mandas a callar al otro) en un momento de dificultad.

«El tiempo sana todas las heridas»

El tiempo no sana todas las heridas. Decirle esto a alguien cuando no ha superado algo puede ser insensible y vergonzoso. Solo ellos pueden decidir cuándo han sanado y, a veces, no les es posible «superarlo».

«¡Solo sé feliz/positivo!»

Si fuera tan fácil, todos lo estaríamos haciendo. Esto simplifica un proceso emocional muy desafiante y complejo, especialmente cuando se enfrentan serios problemas de salud mental.

«Al menos no es ______»

Cualquier frase que inicie con «al menos», minimiza la situación que se está viviendo. No ayuda en nada comparar el sufrimiento. («Al menos no estás muerto, ¿verdad?». ¿Eso sirve de algo? No lo creo).

«Tu actitud es lo único que importa»

Esta es una simplificación de nuestra realidad. Muchos estudios demuestran que hay toda una red de factores que contribuyen a que alguien tenga éxito. Tu actitud es un factor importante, pero no lo es todo.

«Agradece por lo que has aprendido»

Esta frase es particularmente dañina después de que alguien ha experimentado un evento traumático. Lamentablemente, a menudo veo que se usa después de que alguien ha sufrido algún tipo de abuso. Sí, con el tiempo podemos aprender de nuestras luchas, pero eso no significa que tengamos que agradecer esa lección. A menudo, el precio ha sido demasiado alto.

«Podría ser peor»

Cierto. También podría ser mejor. Esta declaración minimiza y también le informa a la persona que su sufrimiento no se justifica porque no es lo «peor» que pudo haberle pasado.

«Elimina toda la negatividad de tu vida»

Una vida sin negatividad es una vida desprovista de aprendizaje y de crecimiento. Si eliminamos a todas las personas o experiencias negativas de nuestra vida, terminaremos solos y emocionalmente atrofiados.

«Nunca te rindas»

Hay ciertas situaciones en las que rendirse es muy valiente o necesario. No siempre significa que la persona era débil o que no podía manejarlo. A menudo significa que fueron lo suficientemente fuertes como para saber cuándo dejar algo y seguir con su camino.

«Todo sucede por una razón»

Esto es bastante dañino después de un evento traumático o de una pérdida. Algunas cosas no suceden por una razón, o la razón no es aparente. Decirle a alguien que lo atacaron, que perdió un hijo o que padeció una enfermedad por una «razón», puede ser extremadamente confuso y despectivo.

Ninguna de estas declaraciones nos da la oportunidad de compartir o de llegar a un nivel más profundo sobre lo que está pasando. Ninguna de ellas deja espacio para la expresión o conexión emocional. Tal vez suenan bonito, pero son frases vacías.

El auge del pensamiento positivo

El pensamiento positivo que se vende como una cura universal no es un fenómeno nuevo. En la actualidad, hay un montón de calcomanías de «*solo buenas vibras*» y gurús de autoayuda diciéndote que seas feliz, pero llevamos siglos tragándonos esa idea sin cuestionar nada.

El pensamiento positivo que vemos hoy en día en Occidente ha sido en gran medida una adaptación al azar y una combinación de numerosas tradiciones de bienestar de diversas partes del mundo. Todo comenzó cuando un grupo de hombres blancos llegó al «Nuevo Mundo»,[2] hoy en día conocido formalmente como Estados Unidos de América. Ahora sabemos que este mundo no era exactamente «nuevo»; mucha gente ya vivía allí.

La mayoría de los hombres que llegaron al «Nuevo Mundo» eran calvinistas. Creían que todos los hombres eran esencialmente malvados, y que Dios era el único que podía salvarlos de sus pecados. Ya estaba decidido quién se salvaría, así que no había mucho que se pudiera hacer al respecto. La ociosidad o el placer se consideraban pecado.[3] Se esperaba que la gente trabajara duro, con la ilusión de ingresar al grupo de los elegidos. No era un momento muy divertido que digamos para estar vivo, y el calvinismo no estaba enviando el mensaje inspirador que el «Nuevo Mundo» quería.

Con el calvinismo como la creencia religiosa e influencia social predominante, los colonos tenían un serio problema de mercadotecnia, y lo sabían. Encontraron exactamente lo que necesitaban en el movimiento del Nuevo Pensamiento.[4] Este movimiento se adoptó como una forma de dar esperanza a la gente y de levantar los ánimos. Resultó mucho más edificante e ignoró por completo la realidad de sus circunstancias. Los creyentes propusieron que, si los humanos pudieran acceder al poder ilimitado del Espíritu, tendrían control sobre el mundo espiritual. Esta idea era tentadora porque le daba a la gente más poder y control sobre sus vidas que el que tenían en el calvinismo. Se estaban sentando las bases para un Nuevo Mundo más positivo y optimista, donde la búsqueda de la felicidad era tan esperada como obligatoria. Desafortunadamente, nada en el mundo había cambiado aún, salvo esta nueva perspectiva.

Phineas Parkhurst Quimby,[5] el padre del Nuevo Pensamiento, realmente llevó el pensamiento positivo al siguiente nivel en el siglo XIX. Quimby creía que todas las enfermedades se originaban en la mente y que eran causadas por las creencias erróneas. Si alguien pudiera convertirse en uno con su «mente» y aprovechar el poder del universo, podría curarse a sí mismo. Era mucho más fácil difundir una nueva idea científica en el siglo XIX, y la teoría nunca se sometió a pruebas científicas rigurosas. Sin embargo, esta creencia persiste en la actualidad en muchos de los textos tipo la *Ley de atracción*, y dentro de varias comunidades de sanación alternativa. Mary Baker Eddy,[6] una de las pacientes de Quimby, siguió promoviendo la idea de que la causa de la enfermedad estaba arraigada en la mente humana. Inclusive propuso que la enfermedad o la miseria en realidad no existían, que solo eran «delirios temporales». Quimby recurrió a esta teoría para explicar por qué suceden cosas malas en el mundo y para reforzar por qué se debe evitar la negatividad.

El pensamiento positivo continuó a lo largo del siglo XIX con el movimiento de sanación mental y enfatizó el poder curativo de las emociones positivas y de las convicciones. William James,[7] el primer psicólogo estadounidense, se convirtió en un ferviente defensor y creyente del movimiento de sanación mental y del Nuevo Pensamiento. No entendía por completo cómo funcionaba la cura mental, pero estaba impresionado con esta forma innovadora de pensar y de ver el mundo. Sin embargo, tuvo sus críticas y, de hecho, fue la primera persona en reconocer la positividad tóxica. Si bien reconocía que el Nuevo Pensamiento estaba ayudando a contrarrestar la naturaleza depresiva del calvinismo y preparando el camino para una forma más positiva de pensar y de vivir, también era consciente de que esta nueva religión eludía por completo la realidad de la tragedia. James señaló que solo era adecuado para «personas de mente sana» y simplemente ofrecía una solución temporal. También reconoció lo cruel que era decir a los deprimidos y oprimidos que simplemente sonrieran e ignoraran los sistemas que los oprimen. James estaba sugiriendo que nos dirigíamos hacia una cultura de positividad tóxica, pero nadie lo escuchó. Todo lo que la gente entendió fue que existía la posibilidad de controlar el universo y de obtener todo lo que alguna vez quisieron, simplemente cambiando sus pensamientos. La mayoría de la gente no pudo resistir esa posibilidad; incluso hoy en día, no pueden.

A medida que se difundió el Nuevo Pensamiento, se infiltró en la comunidad médica y se usó para tratar dolencias físicas. Obviamente, esto no funcionó para las enfermedades más infecciosas, pero la gente seguía creyendo que, si una enfermedad no se podía curar, no era «real» y se trataba simplemente de una llamada de atención o de un intento de escapar de las tareas del hogar o de las obligaciones sociales. Ten en cuenta que, en ese momento, se creía que las mujeres estaban condenadas a la invalidez y que el tratamiento de elección para la mayoría de las dolencias era permanecer en una habitación oscura durante semanas. La idea de que podemos combatir ciertas enfermedades siendo más positivos persiste hasta el día de hoy.

A raíz de este movimiento del Nuevo Pensamiento comenzaron a ocurrir importantes avances científicos y médicos, y la teoría de los patógenos —organismos causantes de la enfermedad— ganó terreno. Esto obligó a los creyentes del Nuevo Pensamiento a cambiar su enfoque de la salud y del bienestar a la riqueza y el éxito. La obsesión del pueblo estadounidense por el poder comenzó a crecer a medida que conquistaban nuevos territorios y grupos de personas, todo en nombre de la riqueza y de la prosperidad. *Piense y hágase rico,* de Napoleon Hill,[8] se convirtió rápidamente en la biblia del pensamiento positivo de la década de 1930. Hill propuso una fórmula y una serie de reglas que, si se seguían al pie de la letra, llevarían al lector a un «deseo incandescente por el dinero». Al parecer, no es que la fórmula sea un trabajo duro; pero, si no se ejecuta de la manera correcta, simplemente «¡fracasarás!». Aquí es donde comenzamos a ver el principio de una fijación cultural tanto con el poder como con la positividad. Esta obsesión sigue siendo una característica muy común en el ambiente laboral actual.

El pensamiento positivo se estaba convirtiendo oficialmente en la doctrina de la nación joven. En lugar del enfoque que proponía el calvinismo para monitorear los pensamientos y sentimientos de la gente en busca del pecado, la pereza o autocomplacencia, el pensamiento positivo invita a monitorear los pensamientos en busca de «negatividad». En 1952, Norman Vincent Peale presentó *El poder del pensamiento positivo,*[9] para consolidar la relación entre religión y positividad. El libro resultó un fenómeno editorial y permaneció en la lista de los más vendidos de *The New York Times* durante 186 semanas. Se convirtió en la primera guía práctica moderna para quienes querían transformar sus vidas y serviría de base para miles de libros de autoayuda y para que cientos de gurús lanzaran sus carreras.

La eugenesia también se volvió extraordinariamente popular a principios del siglo XX, gracias a Charles Darwin.[10] De acuerdo con la teoría de Darwin, la expresión y el autocontrol emocional son los indicadores clave de las diferencias evolutivas entre las especies de desarrollo «superior» e «inferior». La superioridad evolutiva era representada por la felicidad, el optimismo y el autocontrol. Darwin creía que las emociones negativas asociadas con las enfermedades mentales eran signos de debilidad, y propuso métodos para deshacerse de las personas que tenían altos niveles de depresión o de ira. Su lógica de «la supervivencia del más apto» significaba que cualquiera que expresara emociones negativas o tuviera poco control emocional restaría valor a la felicidad de los demás. Estas teorías se usaron para mantener el orden social prevaleciente y dieron como resultado la muerte, el aislamiento y la condena de muchos, incluidos discapacitados o enfermos física y mentalmente; homosexuales y personas transgénero, así como otras comunidades marginadas. Quienes seguían las teorías de Darwin sobre la salud emocional creían que, si podían eliminar cualquier cosa o persona que pudiera conducir a un resultado negativo, la prosperidad y la felicidad estarían aseguradas.

El campo de la psicología también comenzó a encaminarse a la búsqueda de la felicidad. Dos prestigiados psicólogos, John B. Watson y G. Stanley Hall,[11] propusieron una visión utópica universal en la que las personas serían felices y productivas todo el tiempo. Hubo una guerra contra los estados emocionales negativos y las personas que los experimentan y los inducen. En su famoso libro de texto *Psychology from the Standpoint of a Behaviorist*, Watson afirma que la principal preocupación de la psicología era «diseñar individuos sanos que no fueran débiles mentales, y que carecieran de ira, miedo y apegos». La creencia predominante era que las personas podían pensar por sí mismas a partir de estados emocionales y, en última instancia, controlar su destino a través de sus pensamientos. Si alguien no era capaz de hacer esto, simplemente era débil y debía apartársele de los fuertes.

Hoy, tenemos una industria multimillonaria construida alrededor del pensamiento positivo con conferencias, libros, grupos de autoayuda, conferencistas motivadores y más. El pensamiento positivo se ha convertido en la base del negocio de la autoayuda, y muchas personas lo alientan y celebran de manera rutinaria en todo el mundo. Los gurús de la autoayuda, los terapeutas y los *coaches* siguen diciéndonos que estamos a solo un pensamiento positivo de una vida mejor, y actualmente hay más de diez mil libros sobre el pensamiento positivo en el mercado. Títulos reconocidos a nivel global como *El secreto* y *La ley de la atracción* se han convertido en sinónimos de pensamiento positivo, abundancia, riqueza y éxito. Estos libros proponen que puedes usar el poder del pensamiento positivo[12] en todos los aspectos de la vida, incluyendo las finanzas, la salud, las relaciones y la carrera. Al igual que el calvinismo, el movimiento del pensamiento positivo nos anima a monitorear de manera exhaustiva nuestros pensamientos en busca de negatividad, y a permanecer siempre alerta. Los libros, las hojas de trabajo, los mantras y la autoevaluación constante son siempre las armas preferidas en la lucha contra el verdadero enemigo: la negatividad.

Gracias a la vasta literatura publicada y al apoyo de los profesionales, el pensamiento positivo se ha abierto paso e infiltrado en todas las áreas de nuestras vidas. Se espera que seamos felices en el trabajo, en el hogar, en nuestras relaciones y aun ante la tragedia. El movimiento de positividad corporal quiere que seamos positivos con respecto a nuestros cuerpos. La gente pregunta «¿Por qué no podemos llevarnos bien y ya?» y nos dicen que «Solo hay que amarnos los unos a los otros», en respuesta a la discriminación y a la desigualdad desenfrenadas. Mantener una actitud positiva se ha convertido en la receta favorita para cualquiera que luche contra una enfermedad o viva con una discapacidad. Las aulas, los hospitales y los lugares de trabajo están llenos de carteles que nos presionan para que hallemos significado y felicidad en casi todo. La oficina moderna está llena de mesas de *ping-pong* y sofás brillantes, que parecen gritar: «¡Aquí te vas a divertir mucho!». En todas las pantallas nos invade un sinfín de citas y frases positivas, rostros sonrientes y pies de foto optimistas en las redes sociales. Los gurús y los conferencistas motivacionales culpan a nuestro pensamiento negativo de nuestra falta de progreso.

La presión de ser feliz y de parecer feliz nunca había sido mayor.

La presión constante de ser feliz y parecer feliz nunca antes había sido mayor. Debemos encontrar un lado positivo, un giro positivo, una buena razón en todo. «Elimina a todas las personas negativas de tu vida; solo te deprimen»; «Sonríe más»; «Solo buenas vibras»; «*Vive, ríe, ama*»; «Te envío mucha luz y amor»; «*#Agradece*» —en una notable letra cursiva—. La lista podría seguir interminablemente. Nos dicen una y otra vez que no podemos lograr nada sin pensar de manera positiva. No hay nada que ser positivo no pueda arreglar. Es una obligación que debemos cumplir.

Pero, si la clave para una vida plena es el pensamiento positivo, entonces... ¿por qué tantos de nosotros seguimos sintiéndonos miserables?

Por qué la positividad es tan tentadora

Tory entró a mi consultorio una tarde. Estaba muy bien vestida, y me di cuenta de que había invertido mucho tiempo en su aspecto. Se reacomodó nerviosamente una y otra vez en el sillón. Tory compartió una larga historia de superación personal. Hablamos sobre retiros, suplementos alimenticios, sanadores, nutriólogos, *coaches* personales, todos sus terapeutas previos y la manera en que ha devorado libros de autoayuda los fines de semana. Me dijo que su día suele comenzar con una lista de agradecimientos y termina con una frase positiva. Me enteré de que su espejo está cubierto de notas adhesivas que dicen «¡Eres increíble!» y «¡Tú puedes!». Mira al suelo y admite que todo eso que hace no está funcionando. Es obvio que hay un inmenso sentimiento de culpa alrededor de esto y ella duda de compartirlo conmigo. Piensa que su sistema *debería* funcionar y, si no es así, eso solo significa que ella es un fracaso. Seguramente algo está haciendo mal.

El objetivo terapéutico de Tory es la «felicidad», pero no estoy segura de que ninguna de nosotras sepa aún lo que eso significa. Cada semana me cuenta sobre algo nuevo que está intentando; esto por fin será lo que la hará feliz. Parece que no puede bajarse del carrusel de la superación personal.

Juntas descubrimos que lo que realmente quiere es *sentirse feliz todo el tiempo.* No quiere luchar; quiere que los demás la vean como alguien positiva; y, desde luego, quiere sentirse amada. Según Tory, las personas negativas son muy molestas y no se les puede amar. Las personas positivas son las mejores, y eso es a lo que ella aspira. Tory está exhausta de la constante búsqueda de la felicidad, y es obvio que ha buscado la respuesta a su problema desde hace mucho tiempo. Ha hecho todo lo que debería de hacer, según todos los gurús de autoayuda y oradores motivacionales del mercado. Entiendo su frustración, y trato de que estemos en la misma sintonía: «¿Qué pasaría si no fueras feliz todo el tiempo? ¿Estaría bien?». Tory me mira con una mirada en blanco y me doy cuenta de que no tiene idea de cómo responder a estas preguntas.

Una parte de su problema es la autoaceptación. No puede aceptar que ya tiene todo lo que necesita dentro de ella para sentirse realizada y completa. Lucha con la realidad de que el mundo parece decidido a hacer que siempre se sienta como si le faltara algo, para poder venderle un producto o hacer que ella cambie. A Tory le han vendido la mentira de que hay una especie de oasis de positividad y felicidad del otro lado de su viaje de superación personal. No puede soltar su constante necesidad de arreglar y de mejorar, porque eso la hace sentir que tiene el control. Se resiste a ver el papel que su frío y negligente cónyuge ha tenido en su vida, o lo estresante que es su trabajo, porque simplemente «debería ser capaz» de controlar sus pensamientos y emociones ante cualquier situación que se le presente. Mientras Tory no aprenda a mirar dentro de sí misma y a considerar el impacto que el mundo ha tenido en ella, seguirá buscando el control —y aprobación— en los lugares equivocados, y culpándose a sí misma cuando no logre estar a la altura de las circunstancias.

El pensamiento positivo nos da la ilusión de esperanza y control

Puedo entender a Tory porque he estado en sus zapatos. Conozco muy bien la sensación de buscar alivio. Es la búsqueda constante de eso que te hará feliz: tener un «mejor cuerpo», más amigos, una casa más grande... la lista es larga. Es agotador, pero a la vez hay algo muy atractivo en esta búsqueda. Está llena de posibilidades, del potencial de control y del deseo de ser amado. Parece prácticamente impensable que la autoayuda y la búsqueda de la positividad puedan lastimarnos. Estamos convencidos de que solo tenemos que esforzarnos un poco más, para alcanzar por fin ese punto de superación.

El pensamiento positivo resulta tan seductor por algunas razones clave:

- Nos hace sentir que tenemos el control de nuestra vida.
- Nos libera de la responsabilidad por la vida de otras personas.
- Siempre hay algo específico a lo que culpar cuando algo sale mal: tus pensamientos.

La mayor parte de la literatura sobre el pensamiento positivo nos brinda una fórmula muy simple: cambia tus pensamientos, y cambiarás tu vida. Esto es tan poderoso porque apela a nuestro mayor temor como seres humanos: la incertidumbre. Cuando sabemos algo, nos sentimos seguros, y la seguridad lo es todo. Desde el principio de los tiempos, todo mundo ha buscado la respuesta a «¿Por qué suceden cosas malas?» y «¿Cómo puedo obtener todo lo que quiero?». Tal vez nunca dejemos de buscar esas respuestas.

Las personas que creen y siguen la ley de atracción, u otros tipos de pensamiento positivo, proponen que han descifrado el código secreto del universo. Saben exactamente lo que se tiene que hacer, paso a paso, para obtener lo que se desee. No cabe duda: si alguien no obtiene lo que quiere, es porque no lo hizo de la manera correcta, o no lo ha intentado lo suficiente. Estos son los únicos factores involucrados en la ecuación. Esto significa que, con la actitud correcta y con una abundante positividad, se tendrá el control sobre la propia vida; todos serán responsables de sí mismos y siempre sabrán a quién y a qué culpar cuando las cosas salgan mal. Esto brinda un contexto o una base para entenderlo todo en el universo, incluyendo la enfermedad, la discriminación, la guerra, los desastres naturales, el desempleo, la muerte y mucho más.

Suena increíble, ¿verdad? A mí me parece demasiado bueno para ser verdad.

Comienza temprano

La mayoría de los padres o cuidadores dicen «Solo quiero un niño feliz», ¿y quién no quiere eso? Para la mayoría de los padres, un niño «feliz» significa que hicieron un buen trabajo. Parece un objetivo simple, que los hijos pueden alcanzar. En su lugar, comenzamos a sentir la presión de ser felices y positivos desde el momento en que damos nuestros primeros pasos en el mundo.

Un estudio reciente lleva por título: «Los bebés más felices tienen una ventaja».[13] Siento que el estómago me da vueltas cuando leo este encabezado. ¡Vaya!, ¡ahora hasta los bebés *tienen que* ser felices, si es que quieren salir adelante! Pero tiene sentido. Piensa en cómo hablamos de los bebés. Muchos adultos dirán: «¡Era un bebé tan feliz!» o «¡Dios mío, cómo lloraba cuando era bebé!». Los bebés se clasifican como positivos o negativos, como un bebé fácil o un bebé difícil. ¡Y todos prefieren a un bebé feliz! Son mucho más fáciles de cuidar y demandan mucho menos de nosotros que los bebés que lloran y tienen cólicos. También tienden a recibir más elogios y una atención más positiva por parte de los padres, porque un bebé más feliz probablemente conduzca a un cuidador más descansado y feliz. Desde niño, tu temperamento ha sido vigilado y se convierte en parte de tu historia. Probablemente, es algo de lo que tu familia sigue hablando hoy en día.

Este estudio en particular encontró que la felicidad durante la infancia pronostica el coeficiente intelectual (IQ por sus siglas en inglés) infantil y el éxito educativo de los adultos. Los investigadores observaron la frecuencia con la que los niños experimentan emociones positivas y negativas y el papel que desempeña en su crecimiento. Sabemos que las emociones positivas como la alegría o el amor aumentan la creatividad, la habilidad para la resolución de problemas, y favorecen la empatía. Entonces, mientras más emociones positivas experimenten los niños, más tiempo pasarán jugando, aprendiendo y socializando. Esto contribuye directamente a su desarrollo. Los niños que experimentan más emociones negativas como la tristeza o la ira tendrán menos oportunidades para aprender, porque se enfocan en evitar o en deshacerse de lo que les está molestando. Tiene sentido, pero el investigador señala cuidadosamente que este fue un grupo de investigación de muy bajo riesgo. Los niños criados en condiciones más adversas tienen más probabilidades de experimentar menos emociones positivas y más emociones negativas, que podrían reducir la felicidad, a causa de su entorno.

Otros estudios también han encontrado que la alta adversidad está vinculada a IQ más bajos, un rendimiento académico menor y a una disminución de la felicidad. Por lo tanto, se podría argumentar que no es la felicidad lo que contribuye al crecimiento del niño, sino que la posibilidad de crecer en un ambiente amoroso y solidario, con factores adversos al mínimo, es lo que conduce a una mayor felicidad y, en consecuencia, a más oportunidades de crecimiento, desarrollo y felicidad.

A medida que los niños se desarrollan, sus experiencias emocionales se convierten en parte de la estructura de sus cerebros. Esta etapa crítica del desarrollo tiene consecuencias importantísimas. El Proyecto de Temperamento Australiano,[14] un estudio longitudinal elaborado por un grupo de psicólogos durante más de treinta años, analizó cómo se desarrolla el temperamento y por qué algunos bebés son más felices que otros. Encontraron que el temperamento es relativamente estable a lo largo del tiempo, y que muy pocos niños experimentan un cambio radical. Pero el temperamento *puede* modificarse a través de experiencias positivas, como son la cercanía y la calidad del vínculo con los cuidadores, y el hecho de crecer en un entorno estable. Algunos bebés solo nacen más felices que otros, y otros pueden volverse más positivos debido a las experiencias y los entornos más favorables para su apoyo. Pero desde muy temprana edad, los niños saben que la felicidad y la positividad definitivamente son recompensadas.

Los niños pequeños no tardan en comenzar a evaluar cómo sus cuidadores manejan sus propios estados de ánimo y cómo esos estados de ánimo predicen su comportamiento. Desarrollan la habilidad para evaluar el panorama emocional de su hogar, de sus cuidadores y de otras personas con las que pasan tiempo. Esta es una herramienta de supervivencia. Aprenden lo que parece molestar a sus cuidadores y si lo que dicen sobre su estado de ánimo es acorde con su comportamiento. Debido a que la salud emocional de los niños pequeños se relaciona directamente con las características emocionales y sociales del entorno en donde crecen, los cuidadores tienen una gran influencia. En muchos hogares donde se desaniman o se suprimen ciertas emociones, la positividad a menudo se convierte en la respuesta emocional predeterminada y la que más se estimula.

Si creciste en una casa donde se desalentaba la expresión emocional, esto es lo que podría haber ocurrido:

- Tus cuidadores dijeron que todo estaba «bien», aun cuando no lo estaba.
- Tus cuidadores te dijeron que no lloraras cuando te sentías mal, o con frecuencia repitieron frases como: «sé un macho» y «¡resiste!, sé fuerte».
- Te dijeron que discutir cualquier tipo de preocupación o queja era «negatividad».
- Tus cuidadores rara vez se permitieron expresar emociones difíciles y, si lo hacían, las negaban o trataban de esconderlas.
- Lo que tus cuidadores decían sobre sus emociones no coincidía con su conducta (por ejemplo: llorar mientras te dicen que no pasa nada).
- Tus cuidadores no hablaban abiertamente sobre sus emociones contigo.
- Las emociones se clasificaban como «buenas» o como «malas».
- Era complicado para ti descifrar las emociones de tus cuidadores.
- Gastaste mucho tiempo y energía tratando de analizar las emociones en tu entorno familiar.
- No te enseñaron cómo nombrar y clasificar tus emociones de manera efectiva.

De niños, es posible que escuchemos afirmaciones como «¡Las personas positivas son las mejores!» y «¡A nadie le gusta una Nancy negativa!». Estas declaraciones se convierten en creencias, y esas creencias tienen un impacto en nuestros comportamientos. Cuando un adulto da el ejemplo de que la positividad siempre debe ser el estado de ánimo preferible, los niños aprenden a través de la observación que, incluso cuando las cosas están mal, debemos tratar de sacar lo mejor de ellas. Sin importar la situación. Como resultado, muchos de nosotros no hemos aprendido a sintonizar cómo nos sentimos en realidad o por qué es importante hacerlo.

Este refuerzo continúa a lo largo de nuestra vida, especialmente en la escuela. Entra a cualquier escuela y verás que las paredes están tapizadas con carteles que dicen: «¡Sé feliz!» y «¡Te ves mejor con una sonrisa!». Las escuelas y los maestros insisten en que aprender es divertido y que simplemente debes disfrutarlo. Las instituciones académicas destinan grandes cantidades de dinero para tener a los niños «felices» y mantener el ánimo en alto, pero aún batallan para proveer recursos adecuados como cuidado de la salud mental y materiales didácticos actualizados.

A medida que envejecemos, el ambiente laboral moderno se convierte en el lugar donde la cultura positiva nos atrapa. Hay fiestas, premios y reuniones dedicadas únicamente a la felicidad de los empleados. Te animan a tener una buena actitud todo el tiempo, a agradecer, a amar tu trabajo y dejar el resto en casa. A los empleados que hacen críticas o comentarios constructivos a menudo se les considera «negativos», y una actitud positiva se considera esencial si deseas un aumento o un ascenso.

Tener una actitud positiva también se celebra y se premia rutinariamente en la sociedad. Piensa en las personas que se hacen famosas en los medios de comunicación y de entretenimiento. Constantemente escuchamos un montón de historias sobre:

- Personas que han logrado triunfos increíbles, teniendo «tan poco» a su disposición.
- «Porno inspirador» sobre personas que viven con una enfermedad o una discapacidad, pero que siempre sonríen a pesar de todo.

- Un miembro de la «minoría modelo», en un intento de borrar la imagen negativa del racismo, el sexismo, el clasismo u otros prejuicios.

La obsesión con la positividad está por todos lados. Las luchas ahora se clasifican como «oportunidades». Los factores detonantes de la dificultad o de las crisis ahora se consideran «maestros». El dolor de una pérdida ahora es «amor sin un lugar a dónde ir». Las debilidades de hecho se consideran «fortalezas emergentes». Llegamos a creer que la positividad era la clave de la felicidad, del bienestar y de la longevidad. Nuestras intenciones eran buenas, pero de alguna manera nos perdimos en el camino.

¿De verdad se puede manifestar cualquier cosa?

La manifestación es una de las principales herramientas utilizadas por los entusiastas de la positividad. De acuerdo con la ley de atracción, la *manifestación* se define como «algo que se introduce en tu realidad física a través del pensamiento, los sentimientos y las creencias».[15] Se puede hacer a través de la meditación, la visualización o usando tu conciencia y tu subconsciente. Las personas que practican la manifestación proponen que, si constantemente sientes emociones negativas, atraerás la negatividad. Esto significa que atraes exactamente lo que está destinado para ti. Si eres positivo y visualizas lo que quieres, eso llegará por sí solo. Se alienta a las personas a concentrarse en lo que quieren, eliminar a todas las personas tóxicas que se interpongan en el camino y ser muy pacientes. Mientras esperas a que se manifieste, puedes continuar viviendo tu vida de manera normal y no hay nada específico que debas hacer para que esto suceda.

Suena fácil, ¿verdad?

Este consejo entra en conflicto directo con la mayoría de las investigaciones psicológicas sobre la motivación y el logro de metas. No hay planificación de por medio para superar los obstáculos que puedan surgir a lo largo del camino, no se evalúan las capacidades individuales ni hay un plan de acción. También implica que las cosas malas generalmente le suceden solo a las personas que quieren, visualizan y manifiestan cosas negativas. Estas personas están vibrando a una «frecuencia baja» y emitiendo vibraciones negativas al mundo exterior. Pero hay evidencia contundente de que esto no es verdad. A la gente buena también le pasan cosas malas todos los días.

El problema surge cuando no tomamos en cuenta nuestras propias limitaciones, las influencias sistémicas, los desafíos que pueden surgir y tampoco tenemos un plan de acción adecuado. Es muy fácil seguir este simple esquema de manifestación y de culpar al individuo si no puede lograrlo. ¿No tienes el auto nuevo que querías? Seguramente es porque fuiste demasiado negativo. ¡Inténtalo de nuevo!

Si bien la manifestación tiene algunos ingredientes esenciales que no son tóxicos ni perjudiciales, para obtener lo que queremos tenemos que saber qué es eso, y visualizarlo. Debemos creer que es posible lograrlo. Tiene que haber una interacción delicada entre la responsabilidad individual y la comunitaria. Podemos integrar factores externos que podrían impedir ciertos objetivos, al mismo tiempo que inspiramos y ayudamos a las personas a tomar las riendas y hacer de su vida exactamente lo que quieren. Como alternativa a la manifestación tradicional, me gusta mucho usar la herramienta DROP (mejor conocida como WOOP, por sus siglas en inglés) de la doctora Gabriele Oettingen, que puede ayudarte a elegir, lograr y evaluar tus objetivos.[16] Comienza haciéndote las siguientes preguntas:

1. ¿Cuál es tu Deseo?
2. ¿Cuál es el Resultado ideal?
3. ¿Cuáles son los Obstáculos con los que podrías encontrarte?
4. ¿Cuál es tu Plan para conseguirlo?

Puedes usar DROP para lograr casi cualquier cosa. También te ayudará a identificar metas sólidas y a saber por dónde empezar.

Es importante reconocer los límites autoimpuestos o imaginarios, porque podemos trabajar para superarlos. Reconocer los límites que en verdad son parte de tu vida no significa que te rindas, sino que eres capaz de orientarte y de dirigirte hacia lo que es benéfico para ti.

Pero no quiero ser una persona negativa

Cuando las personas escuchan las palabras *positividad tóxica*, a menudo piensan que estoy insinuando que debemos ser negativos todo el tiempo. Eso tampoco es útil, y tampoco se trata de eso, en absoluto. Se trata de encontrar el equilibrio. Ser humano significa hacer espacio para lo positivo, lo negativo y todo lo demás.

Nos han bombardeado con el mensaje de que necesitamos ser felices todo el tiempo. Cuando internalizamos esas creencias, asumimos esa carga y ejercemos presión sobre nosotros mismos y sobre los demás. Parece que, si no somos capaces de lograr este estado mental, es porque de seguro estamos haciendo algo mal, algo debe estar mal con nosotros, o le estamos haciendo un enorme daño a los demás.

Los próximos capítulos te mostrarán el poder de la compasión, la vulnerabilidad y la curiosidad, y verás cómo estos pueden ayudarnos a movernos a una posición en la que nos sintamos vistos, apoyados, conectados y escuchados. Cuando todas esas necesidades están satisfechas, todo es posible.

Reflexión

Tómate un momento para pensar en tu vida, y responde estas preguntas:

- ¿Cuándo aprendiste que ser positivo es importante?
- ¿Tus padres te enseñaron a sentir y a expresar diferentes emociones? ¿Ellos expresaron una amplia variedad de emociones como felicidad, enojo, tristeza o desilusión?
- ¿Te preocupa parecer «negativo»?
- ¿Qué crees que haga verdaderamente feliz a una persona?

Lo que sea que proyectes al mundo exterior es exactamente lo que recibirás de vuelta.

El mundo puede ser un lugar cruel y extraño. Desafortunadamente, podemos emitir toneladas de energía positiva y aun así tener problemas. Apunta a conseguir una vida que armonice con tus valores y que tenga significado. Da lo mejor de ti, y ten presente que el hecho de que te sucedan cosas malas no significa que las hayas atraído.

Capítulo 2

¿Por qué la positividad no siempre funciona?

La positividad tóxica se ha infiltrado en algunos ámbitos importantes de nuestro mundo. Desde pacientes con cáncer hasta desempleados o personas que buscan consuelo en la religión, a todos nos han vendido la historia de que los pensamientos positivos lo arreglan todo. Hoy en día, es imposible navegar por los negocios, el cuidado de la salud, la religión o la ciencia sin sentir la presión de verle el lado positivo a todo. Hay una razón por la que esta cura presuntamente mágica nos está fallando… y no es culpa tuya.

Ocúpate más de ese empleo que del desempleo

Alissa trabaja en una exitosa firma de abogados. Hemos estado trabajando juntas desde que ella se integró como nueva socia. Sus días y noches los pasa encorvada sobre un escritorio, leyendo documentos interminables. Alissa se siente miserable, estresada, exhausta, y parece que no puede salir de la rueda de hámster. Me cuenta lo afortunada que es de tener este trabajo (un empleo donde, desde mi perspectiva, la tratan mal). Hay historias de acoso sexual, apoyo insuficiente, y llamadas y correos electrónicos a altas horas de la noche.

Todos los meses, Alissa se ahoga en trabajo y es realmente buena haciéndolo, por lo que le dan aún más cosas que hacer. La avalancha de trabajo está salpicada de reuniones de personal obligatorias, en las que su jefe exige sonrisas y entusiasmo. A veces juegan o usan sombreros divertidos para elevar las «vibras positivas» en la oficina. Ella me cuenta cómo su jefe se muestra visiblemente molesto cuando el espíritu del equipo no está lo suficientemente alto para su gusto. Por las conversaciones privadas, Alissa sabe que todos están agotados y abrumados, pero nadie lo expresa en público. Mantienen la boca cerrada porque la paga es buena, las oficinas son glamorosas y en la fiesta de fin de año todos presumen lo genial que es la cultura laboral. Quejarse significaría que «no puedes con la carga» o que «no supiste apreciar lo que tenías».

Por nuestras conversaciones semanales, puedo darme cuenta de que Alissa no durará mucho tiempo en este entorno. Se ve agotada y mira por la ventana mientras explica sus niveles extremos de agotamiento. Ella sabe que ese ambiente es muy negativo, pero simplemente no puede liberarse. Pasamos semanas trabajando en cómo poner límites y reuniendo el coraje para discutir los problemas con su jefe. Alissa valientemente comparte con su jefe que no está durmiendo bien y que no podrá mantener este nivel de trabajo por mucho más tiempo. Ella le explica cuánto valora el trabajo y que le gustaría encontrar una manera de que las cosas funcionaran. En nuestra sesión, comparte cómo su jefe sonrió cuando ella terminó de hablar: «Agradece que tienes empleo. Mucha gente mataría por tener este trabajo», dijo. Ahora ella está llorando, y me siento triste por ella, pero tampoco me sorprende la situación.

A pesar de la inmensa valentía de Alissa, nada cambia en su trabajo y de nuevo estamos en la sesión hablando sobre su agotamiento, los correos electrónicos nocturnos y la falta de límites. Está empezando a convencerse de quedarse en el trabajo y «aguantarlo», porque ¿quién deja un trabajo cuando hay tanta gente desempleada y quién se queja cuando realmente «no es tan malo»?

¿Las personas positivas siempre tienen éxito?

De acuerdo con la mayoría de los asesores de negocios y empleadores, la positividad es un requisito indispensable para el éxito. Una búsqueda rápida en Google sobre «cómo tener éxito» arrojará miles de artículos sobre el pensamiento positivo y cómo obtener ventaja sobre la competencia. Los libros de negocios más populares que prometen ayudarte a «hacerte rico», como *Los secretos de la mente millonaria*, todos se basan en el poder de la mente. El autor T. Harv Eker propone que la educación, la inteligencia, las habilidades, el momento oportuno, los hábitos de trabajo, los contactos, la suerte o la elección de trabajo, negocio o inversión no son los factores que predicen tu futuro financiero. Se trata exclusivamente de tu mentalidad y de tus creencias subconscientes.[1] Si quieres ser rico, tienes que ser positivo. Con todos estos programas exitosos dando vueltas por ahí, y ofreciendo fórmulas fáciles de seguir, ¡es increíble que no tengamos más millonarios! El lugar de trabajo moderno también se ha convertido en un espacio que exige positividad. Las oficinas están llenas de pantallas de televisión, videojuegos, sillones de colores brillantes y caramelos. La oficina de Google en Tel Aviv incluso tiene una playa artificial y un tobogán, mientras que una de sus oficinas en Londres dispone de cabañas en la playa y salas de juntas con forma de dados gigantes.[2] Las empresas están creando patios de recreo en las oficinas, y esperan que sus empleados se diviertan. De hecho, *debe* disfrutarse cada momento. ¡Y, quién sabe, tal vez nunca quieran irse!

Probablemente también te hayan dicho que debes tener una buena actitud si quieres conseguir un trabajo o el ascenso que has estado esperando. En lugar de estar desempleados y de lamentarnos por la pérdida de trabajo, dinero y oportunidades, ¡ahora se espera que lo celebremos! Hay conferencias, libros, pódcast y artículos escritos específicamente para ayudar a las personas desempleadas a ver el lado positivo de perder el empleo. ¡Porque incluso perder el trabajo debe ser divertido e inspirador! Estos eventos a menudo no consideran la existencia de fuerzas externas, como el mercado laboral, la economía y el acceso a los recursos. El desempleo solo es una montaña que debes escalar con una sonrisa de oreja a oreja. ¡Qué suerte la tuya por tener esta oportunidad! *#Gratitud #Divertidesempleo.*

La negatividad rara vez se celebra en el ámbito laboral, y nadie quiere recibir el título del «ogro de la oficina». Los jefes esperan positividad —e incluso la exigen—; pero ¿eso realmente funciona?

Día de llevar tu negatividad al trabajo

Dirigir un equipo no es fácil. La mayoría de los jefes y líderes de equipo argumentan que sería más fácil si sus empleados fueran capaces de jugar «bonito», poner una cara amable y simplemente hacer su trabajo. Dicen que las quejas y la negatividad hacen que el trabajo sea mucho más difícil. Pero lo que en realidad buscan aquí es el pensamiento grupal.[3] Irving Janis lo describe como «el impulso psicológico por el consenso a toda costa». Es la descripción perfecta de la positividad tóxica en la oficina. El pensamiento grupal suprime la disidencia y la evaluación de alternativas. Tienes miedo de decir lo que piensas porque sospechas que arruinarás el ambiente y de verdad quieres que te perciban como una parte esencial del grupo, como un jugador del equipo. Cuando ocurre el pensamiento grupal, todos parecen sentirse cómodos (en realidad no lo están), y con las estrategias correctas puedes evitar la tensión por un rato. El problema es que es difícil que dure. El pensamiento grupal y la presión de mantener una máscara de positividad hace a los empleados menos felices, congela la creatividad y mantiene estancado el negocio.

De verdad necesitamos la negatividad en el lugar de trabajo, y sería muy peligroso eliminarla, en especial en las industrias creativas. Las investigaciones demuestran que la positividad tóxica atrofia la creatividad[4] y evita que veas los puntos débiles importantes con los que la empresa o el cliente pueden tener problemas. Peter Senge, autor de *La quinta disciplina*, define la tensión creativa como la capacidad de articular la brecha entre su visión y el problema por resolver. Al enfocarte en lo negativo o en el problema en sí, puedes visualizar varias posibles soluciones.[5] Pero es imposible descubrir la solución sin antes conocer a fondo el problema. Por lo general, esto implica quejarse, desahogarse, lamentarse y señalar deliberadamente las fallas de algo. La mayoría de los pensadores o «manifestadores positivos» huirían de esto, pero es la forma como se pueden resolver algunos de los problemas más importantes del mundo. Sin la negatividad en las reuniones creativas, no habría todas las nuevas actualizaciones de iPhone o los tenis más cómodos. Al fomentar una cultura en la que no se permite o se desalienta el desacuerdo productivo, nunca se nos ocurrirán soluciones o alternativas.

La positividad también sofoca la empatía por el cliente.[6] Si te precipitas demasiado pronto hacia la positividad, no podrás comprender los problemas o puntos débiles del cliente. ¿Alguna vez has recibido un pedido de comida equivocado en un restaurante? Sí, quieres que reemplacen tu comida, pero también que muestren un poco de comprensión y remordimiento. Si solamente se fueran y te trajeran un nuevo plato de comida sin decir nada, ¿quedarías totalmente satisfecho? Yo en definitiva no lo estaría. La empatía genuina requiere que escuchemos, entendamos y sintamos lo que está sucediendo para que podamos crear una solución específica. Esto implica decirle al cliente lo mucho que lamentas haberle traído el platillo equivocado, escuchar lo frustrante que esto fue para él, ponerse de acuerdo en una solución, dar seguimiento a la salida que se planteó, y luego regresar para asegurarse de que el cliente esté satisfecho. No es posible hacer nada de eso sin escuchar e interactuar con la negatividad.

Muchos empleados informan que se les ha disuadido en repetidas ocasiones de hablar sobre los problemas en su lugar de trabajo, en pos de una «cultura laboral positiva», aun cuando las leyes laborales federales protegen explícitamente el derecho de los empleados a «quejarse de las condiciones de trabajo al público, incluidos los clientes».[7] A pesar de estas protecciones, las quejas sobre acoso sexual, falta de diversidad, discriminación y otros tipos de prejuicios o problemas críticos pueden silenciarse en nombre de la «positividad» o de ser alguien «participativo en el equipo». Alissa lidiaba mucho con esto en su trabajo. Se esperaba que todos estuvieran agradecidos de que no fuera peor, y nada cambió nunca. Después de que le comentó sus preocupaciones a su jefe y él simplemente la ignoró, supo que nunca más se arriesgaría a quejarse.

Tal vez tú también hayas experimentado esto. Mucha gente me ha dicho que sus quejas suelen toparse con cosas como una reunión sorpresa con pizza, una *hora feliz* en el trabajo, o más *gaslighting* como le ocurrió a Alissa. Esta es la razón por la que tantas empresas no pueden avanzar. Hay un miedo de que demasiada «negatividad» arruine la cultura laboral. Una compañía no puede seguir adelante sin reconocer lo negativo. Es la única manera de crear cambios y progreso.

> ***Gaslighting*** **es la manipulación y control de la perspectiva de otra persona con motivos poco éticos por un periodo prolongado. Entra en conflicto con tu versión de la realidad y te orilla a cuestionarte, así como a dudar de tu perspectiva de las cosas.**

Cómo evitar la positividad tóxica en la oficina

Hay algunas prácticas para seguir promoviendo una cultura y ambiente laboral saludables, al mismo tiempo que se estimula la creatividad, el crecimiento empresarial y se ayuda a que los empleados se sientan cómodos.

El entusiasmo y compromiso de los empleados son algunos de los factores más importantes de un lugar de trabajo exitoso. Cuando los empleados están comprometidos, se sienten valorados, seguros, apoyados y respetados. Una encuesta de Gallup[8] mostró que el compromiso es un referente del bienestar, más que cualquier otro tipo de prestaciones, y que los empleados prefieren un buen ambiente laboral a los beneficios materiales. Puedes ayudar a tu equipo a sentirse comprometido con algunas acciones simples:[9]

- Muestra un interés genuino en la vida de tus empleados, haciéndoles preguntas y demostrando que te importan, más allá de lo que puedan hacer por ti o por la empresa.
- Muestra un poco de empatía cuando veas que alguien pasa por alguna dificultad. Imágenes escaneadas del cerebro[10] han revelado que cuando los empleados recuerdan a un jefe que ha sido poco comprensivo, se activan áreas del cerebro relacionadas con la evitación y con emociones negativas. El efecto opuesto tuvo lugar cuando recordaban a un jefe empático.
- Haz énfasis en lo valioso e importante del trabajo que realizan. Las personas se sienten mejor y dan mejores resultados cuando se sienten conectadas con la misión empresarial.
- Trata a tus empleados y compañeros con respeto, gratitud, confianza e integridad.
- Anima a las personas a hablar sobre sus problemas y demuéstrales que el líder siempre busca que a su equipo le vaya bien en todos los sentidos. Una investigación de Amy Edmondson en Harvard muestra que cuando los líderes son inclusivos, humildes y animan a su equipo a decir lo que pasa por sus mentes o a pedir ayuda, se obtiene un mejor resultado, tanto en aprendizaje como en desempeño.[11]
- Ayuda a tus empleados y compañeros. Jonathan Haidt, de la Universidad de Nueva York, descubrió que cuando los

líderes son justos y entregados, sus empleados responden siendo más leales y comprometidos con la compañía.[12]

- Reconoce las diferencias entre la negatividad y la resolución de problemas. Alguien que señala problemas en el trabajo o propone nuevas ideas es muy diferente a alguien que se queja del sabor del café.

Crear un ambiente laboral saludable es barato y simple. No requiere muebles lujosos, una mesa de *ping-pong* o un carrito de bebidas dando vueltas por la oficina todas las tardes. Sé humano y demuestra a tus empleados que te preocupas por ellos. Escucha y crea una cultura de comunicación abierta. Los resultados hablarán por sí mismos.

Sonríe, tienes cáncer

En el sistema médico conocí por primera vez la positividad tóxica. Un familiar cercano tenía una enfermedad crónica, estaba discapacitado y había lidiado con el sistema médico durante años. También pasé mis prácticas profesionales de licenciatura y parte de mis prácticas de posgrado trabajando con niños y adultos a quienes se les habían diagnosticado distintos tipos de cáncer. En mis consultas particulares, ahora trabajo con adultos que luchan contra enfermedades crónicas. Al principio, realmente no entendía lo que estaba pasando. Sabía que estaba presenciando algo verdaderamente extraño, desde las cintas rosadas hasta el «¡Mejórate pronto!», pancartas y un enfoque constante en la positividad en todos los grupos de apoyo. Para ser honesta, me molestaba, pero seguía la corriente —como todos los demás—. Ingenuamente pensé que esto era lo que había que hacer para que las cosas mejoraran. Hasta que me molestó tanto que comencé a investigar de manera exhaustiva sobre la positividad y su eficacia.

Resulta que no soy la única que está molesta.

La positividad tóxica que he presenciado dentro del sistema de salud, entre los médicos y demás personal de salud, y en el seno de la comunidad de personas con enfermedades crónicas podría llenar todo un libro, pero la historia que más recuerdo es la de Alex.

Alex era un niño de 13 años con un cáncer muy agresivo. Empecé a trabajar con Alex y su madre poco después de su diagnóstico. Ella era una madre soltera, totalmente entregada a su hijo y a cuidar su salud. Los médicos no parecían muy convencidos de que Alex viviría mucho más tiempo. Es trágico cuando a alguien se le da un pronóstico como este, y más que trágico cuando se trata de niños. La madre de Alex tenía la costumbre de ver el lado positivo de todo. Se negó a usar la palabra *cáncer* y constantemente se refería a la enfermedad como «eso». Cada vez que Alex intentaba hablar de su enfermedad, su madre se convertía inmediatamente en el optimismo en persona. Le decía que pensara de manera positiva, insistía en que él superaría esto, y en algún momento cambiaba el tema a algo más alegre, como un programa de televisión o el clima. Cada vez que hablábamos sobre sus análisis, ella seguía cada oración con «¡Pero tenemos mucha fe y vamos a superar esto!», y miraba a Alex con una sonrisa adolorida, casi como si rogara por un poco de consuelo. Era obvio que la abatía un dolor inmenso, detrás de la negación.

Con el paso de los meses, el pronóstico de Alex empeoró y el optimismo de su madre se intensificó. Se volvió imposible para Alex hablar sobre su condición con su madre, y su relación claramente se tensó debido a esto. Alex se esforzaba por poner una cara valiente durante el tratamiento y las estancias en el hospital. La presión de «ser feliz» lo estaba afectando, y lo compartió conmigo en algunas sesiones. Procesamos su dolor y discutimos sus miedos. Realmente desearía que su madre hubiera podido compartir esos momentos con él, y sé que estaba haciendo todo lo posible para sobrellevar la posibilidad de perder a su hijo. Estaba haciendo lo que la gente le había dicho que funcionaría a lo largo de toda su vida: pensar de manera positiva, manifestar un desenlace diferente y monitorear sus pensamientos para eliminar cualquier asomo de negatividad. Mientras tanto, Alex estaba aterrorizado y se sentía solo.

Alex murió y se convirtió en una de las muchas personas con cáncer que tratan de conservar la vida y simplemente no lo logran. No fue su culpa, y ninguna cantidad de pensamiento positivo o de «manifestación» podría haber cambiado este resultado. Su madre estaba devastada, como lo estaría cualquier madre en esta situación. Honestamente, una parte de mí cree que su implacable positividad le impidió comenzar el proceso de duelo con Alex y compartir esos últimos momentos con él. Estaba tan enfocada en alegrarlo todo y en manifestar un resultado diferente que no pudo pasar suficiente tiempo con la verdadera persona que estaba frente a ella: su hijo. Al final, esa actitud complicó las cosas para él también. Sé que estaba aterrorizado y que no quería que ella pensara que él se había dado por vencido. Pasar esos momentos con él no habría cambiado el trauma de perder a un hijo, pero creo que habría disminuido el latigazo que sintió cuando al final tuvo que lidiar con el hecho de que sus pensamientos positivos no coincidían con la realidad. Ahora, ningún pensamiento positivo aliviaría este dolor.

La droga milagrosa

Hay un nuevo discurso en el cuidado de la salud y el bienestar que sostiene que si comes los alimentos adecuados, haces ejercicio, piensas de manera positiva, meditas y bebes suficiente agua, nunca te enfermarás. Comúnmente, la salud se describe como la ausencia de enfermedad, y todo comienza en la mente. Esta versión del bienestar parece aplicar solo para las personas privilegiadas y sin discapacidad alguna, y descarga todo el peso de la responsabilidad en el individuo. Desde esta lógica, se promete bienestar a quienes trabajan duro por él, lo ganan y lo merecen. Esto ha llevado a un mayor interés en cómo los pensamientos negativos o el dolor emocional terminan por convertirse en enfermedades.

Sabemos a ciencia cierta que hay una estrecha relación entre la mente y el cuerpo. Se ha demostrado que los niveles altos de estrés dan como resultado una respuesta inmunológica reducida y una mayor predisposición a contraer enfermedades.[13] Las emociones positivas y el pensamiento positivo cumplen un papel importante en proteger la presión arterial y en prevenir otras enfermedades cardiovasculares. Los niveles más altos de emociones positivas también contribuyen de forma importante a la recuperación y la supervivencia en pacientes con diversas enfermedades físicas. Sin duda, a las personas más felices les resulta más fácil mantenerse saludables o recuperarse satisfactoriamente de una enfermedad. También sabemos que tener una actitud positiva puede ayudar a alguien a enfrentar los retos que presenta una enfermedad, pero las afirmaciones acerca de que el pensamiento positivo cura la enfermedad son extremadamente exageradas y, en algunos casos, carecen por completo de evidencia científica. Si bien el pensamiento positivo puede representar una ventaja en el manejo de la enfermedad, no necesariamente es una cura, ni el pensamiento negativo es la causa de todas las enfermedades.

La positividad tóxica ha proliferado sin control en el campo de la medicina. Afecta el tratamiento que se prescribe a los pacientes la forma en que los profesionales de la salud tratan a sus pacientes y cómo se habla colectivamente sobre la enfermedad. Las personas demasiado positivas pueden negarse a comprar un seguro porque confían demasiado en que todo estará bien. Las personas que creen en la ley de la atracción suelen evitar a los médicos y sus tratamientos, aunque sean honestos acerca de su pronóstico y, en consecuencia, a veces suenan negativos, lo que conducirá a peores resultados de salud y posiblemente incluso a la muerte.[14] Las personas que no quieren estar en contacto con demasiada «negatividad» pueden verse tentadas a perder el contacto con sus amistades y familiares que están luchando contra la enfermedad porque creen que eso las deprimirá o que también enfermarán. La positividad tóxica en el cuidado de la salud nos hace sentir aislados, incomprendidos y en riesgo.

Hay tres áreas clave en las que se ve la positividad tóxica en la atención médica: entre los proveedores, entre los propios pacientes y en la manera como la población en general habla sobre la enfermedad. La mayoría de los profesionales de la salud de verdad quieren ser útiles. Pero la positividad tóxica entre los proveedores de atención médica puede conducir a resultados inútiles o incluso dañinos. Así le sucedió a mi paciente Alex. Este es el patrón típico: asignan un nuevo médico al caso y, probablemente debido a un profundo deseo de ser útil, hace muchas promesas que tal vez no podrá cumplir. Algunos se emocionan mucho con la idea de ser el que solucione todo. Hacen varias citas, tomografías y análisis de laboratorio. La emoción se acumula con la promesa de un gran avance, pero a veces simplemente no pueden arreglarlo todo. La perspectiva positiva se tambalea y de pronto cae en picada, y el paciente es quien tiene que pagar los platos rotos. Muchos de mis clientes con problemas de salud crónicos comentan que prefieren no creerle a un médico emocionado, y prepararse para una decepción inevitable. Ellos simplemente no podrían resistir otra decepción.

Los profesionales de la salud con frecuencia recomiendan la positividad como tratamiento para una amplia variedad de diagnósticos. La prescripción puede venir en forma de «solo sea positivo y superará esto» o «no tiene de qué preocuparse» justo antes de una cirugía invasiva. Muchas declaraciones bien intencionadas tienen el propósito de alentar, pero al final dejan al paciente sintiéndose ignorado e incomprendido. Los profesionales de la salud también pueden promover la positividad tóxica y la negación simplemente porque es más fácil trabajar con eso. Un paciente positivo y optimista en general exige menos que un paciente quejumbroso. Esto puede impedir que un paciente acepte su realidad y crea falsamente en un conjunto alternativo de hechos. Muchos investigadores afirman que recurrir a la positividad tóxica en el ámbito del cuidado de la salud es poco ético, e incluso peligroso. Conduce a afirmaciones de certeza sin fundamento, implica una falta de empatía por el paciente y puede hacer que las personas tomen decisiones desinformadas sobre su salud.

La positividad tóxica también se ha generalizado dentro de la comunidad que vive con enfermedades crónicas. Los pacientes se avergüenzan y se acusan unos a otros de no esforzarse lo suficiente y experimentan una necesidad incesante de parecer fuertes y positivos. Las redes sociales están llenas de historias sobre pacientes que superaron una enfermedad con una actitud positiva; negar o cuestionar este «tratamiento» propuesto (ser positivo) no es más que negatividad. En mi trabajo he notado que las personas con enfermedades o discapacidades invisibles tienen miedo de actuar de manera demasiado optimista, porque entonces la gente no creerá que en verdad están enfermos. Y también tienen miedo de ser demasiado negativos porque entonces no están siendo suficientemente fuertes o no están peleando como deberían. De cualquier manera salen perdiendo.

La forma en que se habla de la enfermedad también está cargada de positividad tóxica. Ante enfermedades como el cáncer, estás «peleando» contra la enfermedad. Si «vences» a la enfermedad, eres un héroe. Si alguien «pierde» la «batalla» contra una enfermedad, queda implícito que no se esforzó lo suficiente. Se espera que las personas que usan sillas de ruedas o quienes viven algún otro tipo de discapacidad sean fuentes de inspiración y motivación en todo momento. Hay eventos para recaudar fondos y se organizan desfiles con globos, medallas y premios, donde se habla de enfermedades en términos de blanco y negro; alguien tiene la enfermedad y, de un momento para el otro, no la tiene. Se discute poco sobre los síntomas, el costo exorbitante del tratamiento médico o el aislamiento y la soledad. Pareciera que el compromiso es darle un giro positivo a todo. Las enfermedades se convierten en algo que debe erradicarse con una sonrisa.

La realidad es que aproximadamente 133 millones de estadounidenses viven con enfermedades crónicas incurables.[15] Se estima que 61 millones de personas en Estados Unidos viven con una discapacidad.[16] Estas son personas que tal vez nunca personifiquen la definición convencional de salud y bienestar. Es posible que nunca «mejoren». ¿Son todas estas personas simplemente negativas? ¿Será que no se esfuerzan lo suficiente? ¿Habrán manifestado esto? Desde luego que no.

Bienestar > Pensamiento positivo

La investigación sobre la eficacia del pensamiento positivo como cura para la enfermedad es como un hoyo negro. Lo que sí sabemos es que hay una relación entre el optimismo y mejores resultados de salud. Las investigaciones muestran que el optimismo[17] tiene que ver con una tasa de mortalidad más baja, un mejor estado de salud, una tasa de recuperación más rápida en algunas enfermedades y una mejor respuesta inmunológica. Sin embargo, no podemos asumir que la felicidad causa buena salud, porque las investigaciones aún no han podido definir la dirección de la causalidad.[18] Esto significa que alguien que es más feliz en realidad puede tener un mejor sistema inmunológico y rara vez enfermarse, lo que a la vez le brindará más oportunidades de ser feliz. O que alguien que está enfermo tendrá más dificultades para controlar su enfermedad, lo que le generará sentimientos menos positivos. La verdad es que no sabemos con certeza si la ausencia de enfermedades hace que las personas sean más felices, o si la felicidad hace que las personas se enfermen menos.

El estrés tiene un impacto negativo en la salud, y esto no significa que los pensamientos positivos constantes, el optimismo y las afirmaciones siempre conducirán a una buena salud. Sin duda, todos hemos conocido a alguien extremadamente positivo que aun así enfermó o que incluso murió. Probablemente, también conozcas a alguien que es muy pesimista, nunca ha comido un vegetal y está rebosante de buena salud. Manejar el estrés y mejorar la felicidad no garantiza la salud, porque la salud está influenciada por varios factores y no se puede reducir a una simple fórmula.

El pensamiento positivo es una estrategia que puede ayudar a alguien a superar actitudes y estados mentales desagradables, no deseados y destructivos. Es una forma de impulsar el bienestar, pero hay que satisfacer muchas otras necesidades antes de que esta estrategia sea efectiva.

Si queremos erradicar la positividad tóxica del sistema de salud, tenemos que alejarnos de la positividad y, en cambio, centrarnos en una definición más amplia de *bienestar*. El bienestar es una métrica que nos muestra cuando las personas perciben que sus vidas van bien.[19] El bienestar está asociado con la salud percibida por uno mismo, los comportamientos saludables, la longevidad, la conexión social, la productividad, un mejor funcionamiento inmunológico, una recuperación más rápida y un menor riesgo de enfermedades, malestares y lesiones. La investigación sobre el bienestar también nos muestra claramente que la salud no es solo la ausencia de enfermedades, sino que es mucho más que eso.

La salud no empieza y termina en la mente.

Podemos alcanzar el bienestar cuando se cumplen ciertas condiciones y se da a las personas el espacio y los recursos para encontrar sentido a su vida, satisfacer sus necesidades y desenvolverse en su entorno. Buenas condiciones de vida, de vivienda y de empleo son fundamentales para el bienestar. En lugar de enfocarnos en el pensamiento positivo como una cura para las enfermedades, sería más beneficioso brindar acceso a un salario digno, vivienda, comunidades seguras, relaciones significativas, seguridad alimentaria y atención médica. Entonces, podemos concentrarnos en mejorar nuestros pensamientos. La salud no comienza y termina en la mente. Existe dentro de nuestras comunidades y realmente florece cuando las personas se sienten empoderadas y equipadas para lograr su versión única y personal de salud.

El auge de un Dios «Solo de buenas vibras»

La positividad tóxica y la religión tienen una larga historia. En el capítulo uno se habló de los calvinistas y de sus tendencias pesimistas. La mayoría de las religiones eran así en ese momento. Eras un pecador por naturaleza y necesitabas que te salvaran. Había mucho fuego y azufre; el miedo era genuino. La deconstrucción de la imagen de las religiones ha llevado al surgimiento del Dios de las «Buenas vibras». Este dios quiere que seas feliz y rico. Cree que el amor lo arregla todo y que, a través de él, todo es posible. En esta Iglesia, las dudas y la ansiedad son un signo de pérdida de la fe, y todo se puede solucionar con rezos, incluso las enfermedades mentales. Ah, y el Dios de las buenas vibras cree que todo pasa por algo.[20]

Liz nunca antes había ido a terapia. Ella era una estudiante universitaria en la universidad local, que decidió acudir con un terapeuta después de años de insomnio, pensamientos acelerados y problemas para concentrarse en la escuela. Liz terminó en mi consultorio un martes por la tarde, jugueteando con su llavero. «Estoy muy nerviosa. Mis padres me matarían si supieran que estoy aquí». Traté de aligerarle las cosas con algunas preguntas básicas. Liz por fin se acomodó en el sofá y le pregunté: «¿Por qué crees que tus padres se enojarían al saber que estás aquí?». Se detuvo un momento. «Ellos piensan que exagero y que he perdido la fe en la iglesia. Quieren que ore más y que participe más en nuestra congregación. Mi mamá siempre dice: "Liz, Dios nunca te mandará más de lo que puedas soportar"... pero me estoy ahogando. No puedo con esto».

Liz se sintió culpable de que su fe no pudiera ayudarla a superar esto. No entendía por qué le estaba costando tanto trabajo. Sospeché que tal vez había algo más que ella no me estaba diciendo y que estaba relacionado con su fe. Pasamos semanas hablando de Dios y su relación con su religión. Hablamos sobre la iglesia y el estudio de la Biblia y la fe. Liz compartió muchas cosas positivas sobre su fe, como la esperanza que le dio durante los tiempos difíciles y la manera en que esa comunidad la hizo sentir como en casa. Una tarde, Liz me dijo que pensaba que podría ser lesbiana. «Solo sé que estoy haciendo algo mal. Tal vez no me estoy esforzando lo suficiente. No puedo hacer que este sentimiento desaparezca».

Liz estaba batallando con lo que suele llamarse desorden de ansiedad generalizada, y estaba aterrada de explorar su identidad. Cumplía con todos los parámetros y sus síntomas estaban teniendo un impacto significativo en múltiples áreas de su vida. La oración y la fe probablemente le ayudarían a sobrellevar la situación, pero ambas sabíamos que no iban a «arreglar» nada. Liz también comenzó a aceptar que, si era lesbiana, la oración tampoco iba a cambiar ese hecho. También compartió que no quería cambiar ese hecho.

Continuamos trabajando juntas y por fin reunió el coraje para decirles a sus padres que estaba en terapia. Todavía estaba tratando de encontrar una manera de contarles todo lo demás. Liz mantuvo su fe en Dios a lo largo de nuestras sesiones de trabajo y siguió yendo a la iglesia, e incluso oraba más. Pero además estaba empleando otras herramientas como terapia, medicamentos cuando fuera necesario y habilidades de afrontamiento de su libro de trabajo sobre terapia de aceptación y compromiso. Sus oraciones también habían cambiado. Ya no estaba rezando para cambiar o para que alguien la arreglara. En cambio, estaba orando por aceptación, amor y fortaleza. Liz había encontrado una manera de integrar su fe en su vida, de un modo que tuviera sentido para ella; y eso comenzó con la aceptación de que ella es exactamente como debe ser.

Dios quiere que seas feliz

La religión y la espiritualidad siempre han influido en nuestra salud mental y han formado parte del panorama cultural durante mucho tiempo. La religión comenzó como una fuerza más omnipresente y aterradora, con su lenguaje de pecado, muerte e infierno. Varias religiones han utilizado el miedo, la vergüenza social y la promesa de esperanza para alentar a las personas a vivir mejores vidas y a seguir las reglas.[21] Desafortunadamente, este tipo de doctrina religiosa con el tiempo pasa factura a las personas; vimos el claro ejemplo con el calvinismo.

Las investigaciones muestran que la vergüenza social solo lastima y es una forma contraproducente de unir a las personas. La gente comenzó a cansarse de las enseñanzas tradicionales basadas en el miedo que eran comunes en todas las sectas religiosas. Las figuras religiosas modernas reconocieron que las viejas formas de promover la religión ya no funcionaban. Necesitaban encontrar nuevas formas de unir a las personas y de entusiasmarlas con la religión y así, amigos, fue como nació el Dios de las buenas vibras.

Hoy en día, muchos predicadores populares son pensadores positivos que prometen riquezas, éxito y salud a través de sus enseñanzas.[22] Creen que hay suficiente para todos y que, si mostramos un poco más de fe, todo estará al alcance de nuestra mano. Estos predicadores repiten el mismo mensaje de diversas formas, pero una cosa está clara: el diablo es el pensamiento negativo. Robert Schuller, teleevangelista hasta su muerte en 2015, aconsejó: «Nunca verbalices una emoción negativa». La teleevangelista Joyce Meyer afirma que nuestra actitud determina el tipo de vida que tendremos y que «Es especialmente importante mantener una actitud positiva, porque Dios es positivo».[23] Dentro de estas comunidades religiosas positivas hay una fuerte creencia de que todo sucede por una razón; todo es parte del plan de Dios; si tuvieras fe no te preocuparías, y Dios quiere que seas saludable, feliz y rico. Si te está yendo mal en alguna de estas áreas, simplemente necesitas cambiar tus pensamientos.

A medida que disminuye la tasa de afiliación religiosa tradicional, la espiritualidad moderna se vuelve aún más atractiva. El Pew Research Center informó en 2019 que la cantidad de adultos estadounidenses que se describen a sí mismos como cristianos disminuyó 12% en la última década. Mientras tanto, el porcentaje de personas que se describen a sí mismas como ateas, agnósticas o «sin religión alguna» aumentó 9% en el mismo periodo.[24] Las tasas de asistencia en congregaciones religiosas también están disminuyendo. De la población estadounidense, 54% afirma que asiste a algunos servicios religiosos solo unas cuantas veces al año. Muchas de estas personas están abandonando la religión organizada y optando por algún tipo de espiritualidad. Desafortunadamente, la espiritualidad moderna también ha sido absorbida por el capitalismo consumista y por el pensamiento positivo.

La positividad tóxica en la espiritualidad a menudo se denomina «desvío espiritual». John Welwood acuñó el término y lo definió como «el uso de ideas y prácticas espirituales para eludir los "asuntos pendientes" personales y emocionales, para apuntalar un sentido inestable de uno mismo o para restar importancia a las necesidades básicas, los sentimientos y las tareas de desarrollo». Welwood notó que muchas personas usaban la espiritualidad como una forma de evitar emociones y experiencias dolorosas.[25] Esto continúa hoy en muchas prácticas o comunidades espirituales por todo el mundo, que ofrecen una infinidad de maneras de crear felicidad «ilimitada» e invitan a manifestar todo lo que siempre has querido, sin admitir las barreras internas y sistémicas que pueden interponerse en el camino.

La salud mental y la religión son amigas

Liz de verdad estaba batallando con su salud mental y con su identidad. Su religión resultaba un consuelo y al mismo tiempo una carga para ella. Sentía vergüenza y salvación a la vez. Para Liz, parecía que la terapia y la religión no eran compatibles. Le costaba mucho trabajo visualizar una vida en la que pudiera aferrarse a su religión, mantener su verdadera identidad y acceder a la ayuda sustentada por la ciencia que necesitaba.

La investigación demuestra que la participación religiosa tiene una acción preventiva respecto de la angustia psicológica.[26] Esto no significa que las personas religiosas no se enfermen, ni que siempre estén felices. Simplemente, la religión puede ser una habilidad de afrontamiento productiva e importante para algunas personas que están pasando por una racha difícil. Esto probablemente se deba a los beneficios inherentes que se encuentran al pertenecer a una comunidad. Las personas que forman parte de un grupo religioso se benefician del estímulo de los comportamientos saludables y de las oportunidades de socialización con otras personas de ideas afines a las suyas. La fe y las creencias religiosas también pueden infundir esperanza u optimismo, que son tan útiles en momentos de aflicción.

Cuando las sociedades religiosas cultivan una comunidad de aceptación, fe y comprensión, ser un miembro del grupo puede ser extremadamente beneficioso. Si queremos eliminar la positividad tóxica de la religión, tenemos que centrarnos en lo que realmente necesitamos y queremos de la religión: una estructura de apoyo basada en la esperanza, la comunidad y un conjunto de normas de vida, en vez de algo que nos haga sentir menos o como si tuviéramos que crear constantemente una versión actualizada y mejorada de nosotros mismos para alcanzar la felicidad.

Ciencia y pensamiento positivo

La investigación científica y psicológica también ha contribuido de manera importante al aumento de la positividad tóxica. Cuando se popularizó la teoría de la evolución de Darwin, hubo un gran impulso para reemplazar la religión con la ciencia como la máxima autoridad. Los investigadores produjeron muchos «estudios científicos» para demostrar que a ciertas especies les va mejor debido a sus diferencias biológicas, como una disposición alegre y autocontrol emocional.[27] Los experimentos científicos en los que se detuvo el tratamiento de personas que padecían enfermedades como el alcoholismo y la tuberculosis incluso se utilizaron para poner a prueba la resiliencia y proporcionar evidencia de la selección natural y de la supervivencia del más apto.

En retrospectiva, esta «ciencia» puede provocar conmoción y horror actualmente, pero es importante recordar que estos eran los expertos de la época. Sus opiniones, investigaciones científicas y evaluaciones se creyeron y apreciaron dentro de la comunidad científica. Estas creencias se hicieron aún más populares debido a la promesa de felicidad. Los investigadores y defensores de la eugenesia le prometían a la gente que, si simplemente se eliminaba a los débiles y a los negativos, los que quedaran tendrían libertad absoluta para buscar su mejor y más feliz vida.[28] Era una promesa que muchos no podían ignorar.

Hoy en día, la ciencia y la investigación todavía se consideran una de las fuentes de información más confiables —y con frecuencia lo son—. En efecto, las cosas han cambiado y mejorado desde la era de la eugenesia. Sin embargo, cuando observamos cómo ha perdurado la positividad tóxica durante los últimos siglos, tenemos que observar el papel de la comunidad científica y cómo la positividad sigue vendiéndose como la clave comprobada y bien investigada de la felicidad.

Personalmente vi el impacto de esto con Tory, de quien te hablé en el capítulo 1. Ella es una de esas personas que en verdad ha intentado todo y no ha podido alcanzar esa meta huidiza llamada felicidad. Lo más interesante en su búsqueda de bienestar es que ella misma afirmaba que la mayor parte de esta información tenía un sustento científico. Esto la llevó a sentir aún más vergüenza cuando las cosas no resultaron como ella quería. En nuestras sesiones hablamos sobre la investigación y sus limitaciones, y de cómo no todo lo que se informa es aplicable para todas las personas, porque no se ha probado con todas las personas ni en todas las situaciones (esto incluye todo lo que ofrezco y sustento con diversas investigaciones en este libro). Discutimos cómo la ciencia puede estar equivocada y cómo aún debemos ir con cautela al aplicarla a nuestras propias vidas. Esto es algo que espero que tengas en cuenta cuando leas este libro u otras estrategias de bienestar con fundamento científico. La investigación es necesaria y, por lo general, es bastante útil. Pero la historia también nos muestra cómo la ciencia se ha utilizado para mantener ciertos aspectos problemáticos del orden social, aun cuando se hayan planteado como parte de la búsqueda de la «felicidad».

Reflexión

Tómate un momento para pensar en los mensajes que has escuchado sobre la positividad en estas áreas y cómo te han impactado.

- ¿De qué manera te han presionado para practicar el pensamiento positivo en tu área de trabajo? ¿Alguna vez lo han utilizado para encubrir problemas más graves? ¿Qué convertiría a tu oficina o lugar de trabajo en un lugar más positivo?
- ¿Alguna vez un profesional de la salud ha intentado convencerte de practicar la positividad en tu vida? ¿Qué impacto tuvo esto en tu salud o en la de un ser querido?
- ¿Cuál es tu relación con la religión o la espiritualidad? ¿El pensamiento positivo forma una parte integral de tus creencias? ¿De qué manera un líder religioso o espiritual ha contribuido a formar esas creencias en tu comunidad?

Sé feliz por todo lo que te enseñó.

Puedes agradecer la lección,
y aun así desear
que algún evento no hubiera ocurrido.

Capítulo 3

Cuando la positividad no ayuda

La positividad puede volverse tóxica en varias situaciones clave. He identificado 11 situaciones diferentes en las cuales es probable que la positividad se vuelva tóxica si se usa de manera incorrecta. Hay temas que creo que todos deberíamos manejar con cuidado y consideración.

1. Infertilidad y pérdida del embarazo

Annie ha tenido varias pérdidas de embarazo y ahora está teniendo problemas de infertilidad. Comenzó a verme después de la universidad y volvió a terapia después de su primer aborto espontáneo, a las siete semanas de gestación. Comparada con muchas otras personas, Annie tiene su vida en orden. Ella se queja de que hizo «todo bien», pero todavía se siente castigada. «Fui a la universidad y obtuve mi título. Nunca me han arrestado. No me drogo y dejé de beber después de mi primera pérdida. Tengo un buen trabajo y un esposo cariñoso. ¿Qué hice para merecer esto?». Annie está cayendo en las garras un problema común que veo en la terapia: el «sesgo del mundo justo». Es un sesgo cognitivo y una falacia que implica que las acciones de una persona conducirán a consecuencias moralmente justas y adecuadas. Es la suposición de que a la gente buena le pasan cosas buenas y a la gente mala le pasan cosas malas. Creer en esto nos da una ilusión de control sobre la vida y, a menudo, nos permite justificar eventos inexplicables. Annie está tratando de entender por qué algo tan malo le puede pasar a alguien tan bueno.

Su lucha se ha encontrado con el apoyo bien intencionado pero inútil de las personas que la rodean. Estas son algunas de las palabras de aliento que con más frecuencia ha recibido:

- «Ya vendrá el bebé que estás destinada a tener».
- «Dios no da más de lo que puedes soportar».
- «Bueno, hay muchas otras maneras de formar una familia».
- «Piensa positivo y el bebé vendrá bien. Si estás estresada no va a funcionar».

Ella sabe que solo están tratando de ayudar, pero las frases positivas y las palabras de aliento la dejan sintiéndose sola, incomprendida y temerosa de compartir lo que siente. Annie quiere que la gente sepa que sintió que cada uno de estos bebés estaba destinado a ella y que se los llevaron sin su consentimiento. Ella no entiende por qué Dios querría ponerla a prueba de esta manera o hacerla sentir así. Sabe que hay muchas formas de formar una familia y se alegra por las personas que han elegido esas opciones. Nunca ha criticado a las personas que han adoptado o que han hecho uso de la gestación subrogada (vientre de alquiler), pero ella quiere saber qué es estar embarazada. Quiere experimentar lo mismo que otras mujeres que conoce. Desea esa experiencia y tiene derecho a llorar esa pérdida cuando lo necesite. Sé que Annie trató de pensar positivamente, porque lo hizo en mi oficina. Intentó dar un giro positivo a esas pérdidas iniciales, a cada cita con el médico y a cada nuevo intento de concebir. Lo intentó cuando todos los médicos le dijeron que el estrés y la negatividad impedirían que quedara embarazada. Se culpó a sí misma por no ser positiva después de cada pérdida y juró que manejaría mejor su estrés la próxima vez. Annie se esforzó tanto por ver el lado positivo... hasta que ya no pudo más.

Annie y yo hablamos sobre lo que deseaba que la gente hubiera hecho o le hubiera dicho durante las innumerables citas con el médico, los nuevos tratamientos y después de cada pérdida. Esto es lo que ella me dijo:

- «Suena como algo muy doloroso/difícil».
- «¿Quieres hablar de eso? Estoy aquí para escucharte».
- «No cocines, hoy te llevo yo la cena».
- Que me enviaran un mensaje antes o después de una cita importante con el médico para ver cómo estaba.
- Que no se lo tomaran personal si no respondía por un tiempo. No tenía que ver con ellos.
- «Esta pérdida importa, y tiene sentido que estés sufriendo».
- «Sé lo mucho que esto significa para ti. Estoy aquí para apoyarte ahora y siempre».

2. Aflicción y pérdida

La familia Fernández entra en mi consultorio un martes en la mañana para una sesión de emergencia después de que su hijo de 23 años murió trágicamente en un accidente náutico el fin de semana pasado. Cada integrante muestra su dolor de una manera única y personal. La hermana adolescente está inquieta en su silla, en silencio, mientras sus ojos recorren la habitación. La madre está callada y mantiene la mirada fija en el suelo mientras el padre solloza desconsoladamente con el rostro entre sus manos, y todo su cuerpo se estremece con cada sollozo. El hermano menor trata de consolar a su padre, acercándose más y dándole palmaditas en la espalda. Todos están sufriendo, y yo me siento allí, mirándolos; ningún entrenamiento o experiencia hace que estos momentos sean menos complejos.

Los sollozos del padre comienzan a disminuir después de unos minutos, y tomo esto como una señal de que puedo comenzar la sesión. Primero les pregunto a todos cómo están, y le doy a cada miembro de la familia un tiempo para compartir y ser escuchado. Cada uno de ellos cuestiona el significado de la vida, desesperados por obtener respuestas, y con un dolor indescriptible. Hablamos sobre cómo están manejando su dolor y a qué apoyo pueden acceder dentro de su comunidad. La hermana adolescente comparte que no han sido muy religiosos y que ocasionalmente han asistido al templo local en los días festivos después de Rosh Hashaná (el año nuevo judío). Se preguntan si deberían empezar a ir más a la sinagoga. «¿Eso ayudará en algo?», pregunta ella, suplicante. Sé que desearían que les diera un manual sobre cómo sobrellevar el duelo, y también sé que no puedo hacerlo. Esta es mi mayor debilidad como terapeuta. Sé que tengo que seguir controlándome y recordarme que así es este trabajo: estar aquí, mantener este espacio para ellos y dejarlos sentir. No hay un manual.

El padre comenta que varios miembros de su congregación religiosa trataron de ofrecerle palabras de aliento. Le han dicho frases como:

- «Todo es parte del plan de Dios».
- «Ahora está en un lugar mejor».
- «No le gustaría verte triste».
- «Debes ser fuerte para tus hijos».
- «Este tipo de cosas te enseñan a agradecer lo que tienes».
- «Todo pasa por algo».

Al igual que Annie, sabe que solo están tratando de ayudar, pero no entiende cómo quitarle a su hijo podría ser parte del plan de Dios. La madre no puede entender cómo podría ser mejor que su hijo estuviera en cualquier lugar que no sea con su familia en Miami. Comparten su sentir acerca de que, cualquiera que sea la lección que se supone que esto debería enseñarles, nunca valdrá la pérdida de su hijo y jamás tendrá sentido para ellos. Hablamos de los beneficios que tiene para los otros hijos ver a sus padres expresar emociones difíciles y manejarlas. Les ayudo a explorar la definición de «fortaleza», y cómo ser fuerte cuando se trata de una pérdida tan grande y trágica. Al final, la familia está de acuerdo en que estas palabras, aunque bien intencionadas, les hicieron sentir que estaban elaborando mal el duelo. Simplemente no pudieron encontrar una manera de darle un giro positivo a la inesperada pérdida de su hijo en una soleada tarde de sábado.

Las quejas de la familia Fernández sobre estas declaraciones no son únicas. Es algo que escucho de innumerables familias que lidian con el duelo y la pérdida. Aquí hay algunas sugerencias que podrían ser más útiles para alguien que está en proceso de duelo por una pérdida:

- «Lamento mucho que estés pasando por esta pérdida. Estoy aquí para escucharte en caso de que quieras hablar sobre eso».
- Mantente en contacto a través de una llamada o de un mensaje.
- Respeta sus límites si la persona no está lista para hablar al respecto, no quiere cierto tipo de ayuda, etcétera.
- Escucha y reafirma lo mucho que duele la pérdida.
- Hazle preguntas sobre el difunto o la persona que ya no forma parte de sus vidas. Dales espacio para hablar de él o ella, y comparte recuerdos o historias.
- «No sé qué decir, pero aquí estoy para ti».

3. Enfermedad y discapacidad

Creo que a nadie se le anima a simplemente «ser positivo» más que a quienes viven con enfermedades crónicas, discapacidades y otros problemas de salud. He trabajado con esta población durante toda mi carrera, pero la historia de Michael siempre se ha quedado conmigo. Michael es un hombre transgénero que vive con varios diagnósticos de salud mental y física. Ha estado lidiando con una avalancha de síntomas misteriosos desde los 12 años. Esto significa que en innumerables oportunidades ha recibido críticas y rechazo por parte del sistema médico e incluso de sus familiares, amistades y colegas.

Michael y yo solemos reunirnos mediante videollamadas, porque es mucho más fácil manejar la situación de este modo cuando tiene síntomas. Durante una sesión, Michael estaba en su cama y me di cuenta de que esa era probablemente la única interacción que podría manejar en esa ocasión. Pasamos muchas de nuestras sesiones procesando sus citas recientes, manejando el aislamiento de vivir con una enfermedad crónica y adaptándonos a la vida en un cuerpo que decae lentamente. Michael ha estado recientemente en el extremo receptor de una positividad tóxica notoria en una comunidad en línea para métodos de curación alternativos, y está entusiasmado. Él sabe lo mucho que odio estas cosas, por lo que pasamos un buen rato discutiendo lo que se ha dicho y cómo es despectivo o inútil. Michael ha trabajado mucho en su identidad como hombre trans con una enfermedad crónica y, por lo general, no se ofende ni reacciona cuando lee estas declaraciones, pero sabe lo dañinas que fueron al principio de su viaje. Compartió conmigo algunas de las peores declaraciones que ha leído:

- «¡Pero mira todo lo que sí puedes hacer!».
- «Necesitas tener una buena actitud si quieres vencer esta enfermedad».
- «Mi amigo tenía esto y se curó, ¡así que sé que tú también lo harás!».
- «Dios mío, cosas como esta son un recordatorio de lo preciosa que es la vida y lo agradecidos que deberíamos estar por lo que tenemos».
- «¡Eres muy valiente!».
- «¿Tal vez deberías intentar hacer yoga o tomar jugos naturales? ¡A mí me ha ayudado muchísimo!».
- «Ni siquiera te ves enfermo. ¡Te ves increíble!».

Michael y yo platicamos sobre el valor de mirar las cosas que puedes hacer y de agradecer por ello, pero cómo esta declaración también es despectiva porque no atiende ni afirma el dolor y la pérdida de vivir con una enfermedad. Compartió los peligros de decirle a alguien que mejorará o de presionarlo para que pruebe un tratamiento solo porque un amigo lo hizo, y estoy de acuerdo con él. Es algo que he visto entre muchos de mis clientes con enfermedades crónicas. Dar consejos o recomendaciones médicas casi siempre se hace con buenas intenciones, pero puede ser peligroso o dar falsas esperanzas. Ese segundo inciso, «Necesitas tener una buena actitud si quieres vencer esta enfermedad», es el más común, y Michael y yo nos reímos como una forma de hacer frente a la ironía de esta declaración. Al igual que Annie, esta persona cree en el sesgo del mundo justo. Piensan que las personas que tienen pensamientos positivos obtienen resultados positivos, como salud garantizada. Si alguien sabe que esto no es cierto para todos, es el sonriente, feliz y optimista Michael, que poco a poco ha perdido su pasión y vitalidad conforme su salud decae y el mundo sigue avanzando sin él.

Lo que Michael ha experimentado y presenciado en esta comunidad en línea es la realidad de tantas personas discapacitadas y con enfermedades crónicas. Desafortunadamente, el énfasis excesivo en el pensamiento positivo puede llevar a culpar y avergonzar a la víctima respecto al cuidado de la salud. Implica que aquellos que trabajan lo suficientemente duro y tienen la actitud correcta siempre ganan en la pelea por la salud. Las personas negativas siempre pierden. Todos sabemos que esto no es verdad. Aquí hay algunas cosas que Michael desearía que la gente dijera o hiciera en lugar de lo que acostumbran:

- «Estoy aquí si me necesitas».
- «Creo en ti».
- «Puedo acompañarte a tu siguiente cita si eso te ayuda en algo».

- «Leí sobre tu diagnóstico y estoy aprendiendo más sobre ______________».
- «¿Hoy cambió alguno de tus síntomas?».
- «Siempre voy a estar aquí, sin importar lo que pase».
- «Tú eres quien mejor conoce tu cuerpo».

4. Dificultades en las relaciones románticas

Pedro es un hombre de 54 años que recientemente concluyó el divorcio de la pareja con quien estuvo casado veinte años. En un buen día, su relación era emocionante y apasionada. Pero yo la clasificaría como tóxica, verbalmente abusiva y hostil en sus peores días. Para Pedro fue extremadamente difícil dejar a su pareja y recibió reproches de su familia cubana católica. Probamos brevemente la terapia de pareja, pero no hubo remordimiento ni reconocimiento del abuso por parte de su pareja. Le dije a Pedro que la terapia de pareja sería inútil y posiblemente incluso peligrosa mientras su relación estuviera en este estado. Decidió seguir adelante con su terapia individual y su pareja se saltó este paso sin mayor reparo.

Pedro tenía muchas creencias profundamente arraigadas sobre el compromiso, el matrimonio y el amor. Cada vez que trató de compartir sus sentimientos acerca de su divorcio con su familia o amigos, solidificaban aún más estas creencias. Antes de que se decidiera por el divorcio, la gente le decía cosas como:

- «La persona indicada nunca te dejará ni te lastimará».
- «Por lo menos tienes a alguien».
- «El amor significa sacrificio».
- «Otras relaciones están peor. ¡Agradece lo que hace por ti!».

- «Todo lo que necesitas es amor. El amor te ayudará a salir adelante».

Hablamos de cómo estas afirmaciones hacían dudar a Pedro y lo conducían a descartar el abuso verbal que había experimentado a lo largo de la relación. Le resultaba muy difícil confiar en sí mismo y en su experiencia. También lo mantuvo atrapado en una relación en la que se sentía profundamente infeliz y constantemente denigrado.

Después de que se finiquitó el divorcio y Pedro estaba recién soltero, continuó la terapia para procesar el final de su relación y el dolor que le siguió. Se dio cuenta de que, después del divorcio, estaba en el extremo receptor de un tipo de presión completamente diferente. Ahora la gente quería que mirara el lado bueno y sacara el máximo provecho de su nueva situación. Todos decían cosas como:

- «Nadie te amará hasta que te ames a ti mismo».
- «Disfruta tu soltería. Yo mataría por tener esa libertad de nuevo».
- «Esto es lo que querías».
- «Todos aman a alguien positivo y feliz. La actitud correcta te ayudará a encontrar a la persona indicada».

Era como si acabara de cruzar la línea de meta de una carrera, y ahora la gente le exigía que corriera otra con una sonrisa. Pedro no pudo cumplir con las expectativas de sacar lo mejor de su relación abusiva y ahora mostrar lo mejor de su nueva vida de soltero. Estaba afligido, solo e inseguro de lo que le deparaba el futuro.

Así es como aparece la positividad tóxica para aquellos que luchan con las relaciones románticas. Queremos que las personas sean felices solas y felices juntas, sin importar lo que eso implique o lo que las obligue a soportar. El mito del amor de cuento de hadas persiste hasta nuestros días. Decimos que las personas solteras seguramente lo son solo porque se sienten miserables o porque no se esfuerzan lo suficiente. Las relaciones que terminan tan solo se quedaron sin amor, no estaban destinadas a ser, o alguien simplemente no se estaba esforzando lo suficiente. Estas perspectivas silencian a las víctimas que están soportando abusos reales en sus relaciones y hacen que la soltería sea algo que debe evitarse como la peste. En vez de eso, esto es lo que Pedro desearía que la gente dijera o hiciera:

- «Creo en ti».
- «Debe de ser duro estar solo después de tantos años».
- Invita a la persona a hacer algo o mantente en contacto para ver cómo está.
- «Las relaciones son complicadas. Confío en que estás haciendo lo mejor para ti».
- «Te amo».
- «El estado de tu relación no determina tu valor».

5. Familia y distanciamiento familiar

Maggie es una de esas clientas que viene a terapia solo cuando tiene una crisis. La he estado viendo durante años y nos reunimos durante varias semanas, cada vez que sucede algo en su familia. Después de algunas sesiones, por lo general informa que se siente con los pies en la tierra y en contacto con sus valores nuevamente. Hace una pausa en la terapia y la animo sutilmente a que continúe asistiendo para que podamos profundizar en el problema... y luego espero a que vuelva a comunicarse en unos meses.

Una tarde Maggie me envía un correo electrónico, evidentemente alterada, después de que su madre le envió un correo «perturbador». No está segura de cómo responder y necesita una sesión, por lo que hago espacio para ella la próxima semana. La madre de Maggie ha sido un tema constante a lo largo de su vida. El alcoholismo, los gritos, la interminable crítica y su completa falta de responsabilidad son solo algunas de las cosas con las que Maggie aprendió a lidiar. Ella llegó a creer que todas las mamás eran así, hasta que empezó a pasar tiempo con la familia de su esposo. Maggie y yo hemos estado trabajando en establecer límites, en dejar de normalizar el comportamiento problemático y comunicar sus necesidades. Ha hecho mejoras importantes. Pero de vez en cuando, su madre reaparece y viola un límite o acusa a Maggie de algo en lo que no tuvo nada que ver. Esta semana es un correo electrónico en el que la acusa de ser egoísta y de robar dinero de la cuenta bancaria de su madre. Pese a su extenso trabajo con los límites, a Maggie le duele cada vez que recibe mensajes como este de su madre. La traslada de vuelta a su infancia y tiene que hacer una pausa antes de reaccionar.

A lo largo de los años, Maggie ha contemplado la posibilidad de eliminar por completo a su madre de su vida. Hace unos años, un incidente la dejó con la sensación de que ya no podía hacer esto. El problema es que, cada vez que lo considera o que da un paso en esa dirección, es objeto de fuerte rechazo por parte de otros miembros de su familia. La inundan con positividad tóxica como:

- «La familia es lo más importante».
- «No puede ser tan mala como la pintas».

- «¡Yo nunca podría sacar a mi mamá de mi vida! La amo».
- «La sangre pesa, y mucho».
- «Deberías dar las gracias por todo lo que tu madre ha hecho por ti. Hizo lo mejor que pudo».

Siempre la están presionando para que vea el lado bueno de su madre y sea un poco más indulgente con ella. Algunos incluso niegan que la relación sea tóxica. Esto la ha dejado sintiéndose totalmente aislada, incomprendida y como si fuera la reina del drama.

Lo que Maggie está experimentando es común para muchas familias. Queremos creer que los miembros de la familia siempre nos tratarán bien y que nos amarán, pero este no es el caso. Cuando los miembros de la familia que se han distanciado o las víctimas de abuso se ven obligadas a mirar el lado positivo o a aceptar un comportamiento tóxico «porque es la familia», se les victimiza y aisla aún más. Creo que Maggie habría sido capaz de reconocer el abuso que soportó y establecer límites mucho más rápido si hubiera tenido más apoyo externo. Esto es lo que a ella le hubiera gustado escuchar:

- «Suena como una decisión difícil de tomar».
- «Sé que lo que estás haciendo es lo mejor para ti».
- «Apoyo tu decisión».
- «Jamás voy a juzgarte por haber tomado esa decisión».
- «Aquí estoy, por si quieres hablar al respecto».

6. Problemas de carrera o desempleo

Alissa y yo nos reunimos para otra sesión hoy. Estamos en pleno verano y el sol entra a raudales por las ventanas a las ocho y media de la mañana. Alissa programa sus sesiones antes del trabajo; de lo contrario, terminará cancelándolas cuando se le escape el día. Hoy, el tono de Alissa es un poco diferente. Ella comparte que quiere dejar su trabajo. Hago una pausa por un minuto y permito que el silencio llene la habitación. Alissa comienza a hablar de nuevo, «Es que ya no puedo con esto».

Quizá recuerdes cuando Alissa le dijo a su jefe que no estaba durmiendo y que estaba muy abrumada. Su jefe respondió: «Agradece que tienes un empleo. Mucha gente mataría por tener este trabajo». Esta es la positividad tóxica regular que Alissa recibe de sus compañeros de trabajo y superiores cada vez que quiere plantear problemas reales en la oficina o simplemente desahogarse. Ella también escucha mucho:

- «Las personas positivas siempre tienen éxito».
- «Solo necesitas esforzarte más».
- «Tu actitud determina qué tan exitosa vas a ser».
- «Si quieres llegar a la cima, tienes que estar dispuesta a sacrificar algunas cosas».
- «Así es este trabajo. Tú sabías en lo que te estabas metiendo».

Estas afirmaciones van muy bien con el entrenamiento obligatorio para el agotamiento y sin un apoyo real para solucionarlo: las donas o las galletas en las reuniones nocturnas y los dulces de chocolate en Navidad, cuando se ha trabajado 14 horas al día. Quieren que sea feliz, positiva y exitosa, pero no le dan el apoyo que necesita para lograrlo, ni las horas de sueño necesarias. Esto es lo que Alissa y sus compañeros de trabajo desearían que se dijera e hiciera:

- «Escucho lo que me estás diciendo y voy a tener una junta con administración para encontrar una manera de que esto funcione para todos».
- Salarios adecuados y horas de trabajo razonables que permitan tener una vida balanceada fuera del trabajo.
- «El trabajo ha sido muy duro últimamente. Gracias por todo tu apoyo. Voy a asegurarme de que tengas un respiro cuando termine este proyecto».
- «Gracias por mencionar este tema tan importante. Valoramos las opiniones y los sentimientos de nuestros empleados. Busquemos una manera de trabajar en esto».
- Menos fiestas y capacitaciones, y más apoyo real con el trabajo, tiempo libre remunerado y fechas de entrega justas.

7. Apariencia física

Casi todas mis clientas han hablado de problemas con su apariencia o con su cuerpo en terapia. Leah es una de ellas. Leah ha luchado con su imagen corporal desde que tiene memoria. Ella es una persona que hace dietas «yo-yo», y a menudo se deja atrapar por la última moda de dieta o tratamiento de belleza. Leah está desesperada por mejorar y persigue la belleza a toda costa. Sus comportamientos dietéticos la controlan psicológicamente y le impiden vivir una vida plena y significativa. Cada mes hay nuevas restricciones sobre dónde y qué puede comer.

Leah acostumbra hablar de sus preocupaciones sobre su cuerpo con las personas que la rodean, en un intento de tranquilizarse. Escucho a las mujeres hacer esto todo el tiempo, incluida yo misma. «¡Dios, mi trasero está enorme!» o «Me veo muy mal hoy. Necesito hacer ejercicio». Nos derribamos públicamente para que los demás nos tranquilicen. Es un círculo vicioso que rara vez funciona. Cuando Leah se queja de su peso o de su apariencia física con amigos o familiares, generalmente responden con comentarios como:

- «No has subido de peso para nada. ¡Te ves increíble!».
- «Si subiste de peso, ¡no se te nota en absoluto!».
- «¡Te ves flaquísima!».
- «¡Yo mataría por tener un cuerpo como el tuyo! Mira mi (incluye la parte de tu cuerpo que te desagrada)».

Este tipo de interacciones y de «cumplidos» siempre le confirman a Leah que estar delgada es lo ideal. Aparentemente, sus amigas tratan de asegurarle que todavía vive en el «mejor» tipo de cuerpo posible, y que no debería preocuparse. Sus comentarios son bien intencionados y amables, pero Leah y yo discutimos cómo todo lo que parecen hacer es reforzar la idea de que estar delgado es el objetivo, y evitar el aumento de peso es obligatorio.

En nuestras sesiones, hablamos mucho sobre la «neutralidad corporal». Probablemente has oído hablar de la positividad corporal, que puede convertirse rápidamente en otra forma de positividad tóxica; esto es diferente. Mientras que la positividad corporal nos empuja a amar a nuestros cuerpos y a encontrar alegría en cada protuberancia, cavidad o curva, la neutralidad corporal te permite hacer las paces con el cuerpo que tienes. Es la idea de que puedes existir sin tener que pensar demasiado en tu cuerpo o sin verlo como positivo o negativo. Tu cuerpo es solo tu cuerpo; algunos días te van a gustar algunas o todas tus partes, y otros días puede ser que te cueste trabajo, pero sigue siendo solo tu cuerpo. A pesar de la presencia abrumadora del movimiento de positividad corporal en línea y de la introducción de la neutralidad corporal, la búsqueda de mantenerse delgada sigue siendo un problema apremiante para muchas personas. Nos bombardean con la cultura de la dieta en todo momento y esta industria de miles de millones de dólares hace todo lo posible para mantenernos cautivos con la idea de ser «saludables» o delgados. Leah lucha con esto; yo definitivamente he luchado con eso, y tal vez tú también lo hayas hecho.

En lugar de celebrar solo ciertos cuerpos, todos podemos aprender a ser un poco más neutrales y compasivos con nuestros propios cuerpos y con los de los demás. Leah y yo discutimos los cumplidos que no tienen nada que ver con el peso o con la apariencia física, y cómo ella puede redirigir la conversación cada vez que alguien se estanca en la positividad tóxica o simplemente se critica a sí mismo. Aquí hay algunas declaraciones alternativas que se nos ocurrieron en la sesión:

- Haz un cumplido sobre algo que no tenga que ver con la apariencia física o corporal, como una faceta de la personalidad o algo que la persona haya logrado.
- Si alguien está hablando negativamente sobre su propio cuerpo, está BIEN detener la conversación o cambiar de tema.
- Trata de hablar sobre lo que tu cuerpo hace por ti (por ejemplo: «Hoy pude recorrer la pista entera»), en lugar de enfocarte en cuántas calorías quemaste o cómo es que una actividad va a mejorar tu cuerpo (ejemplo: «Esa caminata fue muy cansada. Yo creo que me gané una hamburguesa con queso para esta noche. Tal vez me porte mal y cene una»).
- Cuando alguien se queje de su cuerpo, en lugar de hacerle un cumplido, intenta cambiar de tema o pregunta por

qué se siente así. También puede ser útil decir: «A veces yo también me siento mal con mi cuerpo, y estoy tratando de mejorar eso». Esto ayuda a normalizar cómo se sienten, sin minimizarlo ni encubrirlo con un cumplido.

- Trata de pasar algo de tiempo hablando de otras cosas además de comida, calorías, dietas y tu cuerpo. Pon atención en las veces que tus amigos y familiares hacen esto y en la manera como suena, o en cómo te hace sentir.

8. Después de un evento traumático

James me envió un correo electrónico difícil de descifrar, un domingo por la noche, en el cual me pedía más información sobre la terapia. El correo hizo evidente que James no quería que yo pensara que estaba «enfermo» o que realmente «necesitaba» mis servicios. Lo llamé para una consulta telefónica y descubrí cuánto había estado sufriendo durante los últimos años. Cuando James era un adolescente, un intruso irrumpió en su casa, robó a su familia y lastimó a su hermano menor, que dormía en la cama junto a él. Había estado experimentando recuerdos vívidos, insomnio y pensamientos intrusivos desde el incidente, que había ocurrido cinco años atrás. Describió el evento como algo «sin tanta importancia» y que «ya debería de haber superado»; pero estaba claro que eso tuvo un gran impacto en su funcionamiento general y su sensación de seguridad.

Después del allanamiento, James trató de hablar del tema con sus amigos y con sus padres. Todos le dijeron que lo superaría, o alguna versión de esto:

- «¡Guau, eres muy valiente!».
- «Piensa en todo lo que aprendiste».

- «Por lo menos todos quedaron con vida. Los objetos se pueden reemplazar».
- «Todo pasa por una razón. Ya lo superarás».

Al igual que la familia Fernández, quienes perdieron a su hijo y hermano en un accidente náutico, James tiene muchos problemas para entender por qué sucedió eso y qué aprendió, además de un sentimiento constante de inseguridad. Sí, está agradecido de que él y su familia estén vivos, pero también desea que no hubieran golpeado a su hermano, y que en su hogar pudiera sentirse en un lugar seguro. James era un adolescente; no quería ser valiente: quería ser un niño.

Decidí utilizar una modalidad de terapia llamada Desensibilización y Reprocesamiento por Movimientos Oculares (EMDR, por sus siglas en inglés) con James, para ayudarle a eliminar los *flashbacks* y a sentirse seguro en su cuerpo de nuevo. Cada dos sesiones usamos una barra de luz que él sigue con sus ojos, y estimulación auditiva y táctil. James se centra en la angustiosa imagen mental de un intruso en su casa y en los detalles que siguen. Estamos trabajando en integrar el recuerdo traumático y en hacerlo menos angustioso para James. Después de cada sesión de EMDR, dedicamos un tiempo a procesar cómo le afectan sus síntomas. James habla mucho sobre cómo desearía que su familia y amigos lo hubieran apoyado más después de esta experiencia traumática. Esto es lo que desearía que hubieran hecho:

- Validar cómo se siente sin minimizarlo. «Entiendo por qué te sientes tan asustado. Fue una experiencia aterradora».
- Sentarse con él y escuchar cómo se sentía.

- Respetar sus límites; en especial, si no estaba listo para hablar o si no quería compartir detalles del asunto.
- Enfocarse menos en por qué pasó y en lo que pudo haber aprendido. En su lugar, enfocarse en cómo se sentía y cómo le impactó lo que ocurrió.
- Recordar que, aunque el evento ya había terminado, aún le estaba impactando de alguna manera.

9. El embarazo y la crianza

El embarazo y la crianza son complicados. Descubrí que nadie habla de manera abierta sobre lo sumamente complejo que es dar vida y criar a un ser humano. Curso un embarazo de cinco meses mientras escribo este capítulo, y he experimentado mucha de la positividad tóxica que se arroja sobre las mujeres embarazadas y sobre los padres. En cuanto compartes que estás embarazada, las opiniones, las advertencias y las exigencias de gratitud comienzan a surgir por todas partes: familia, amigos, redes sociales, anuncios y más. Al igual que muchas personas que están dando vida y sustento a un ser humano, me he quejado en la justa medida de las náuseas, los dolores y de la piel que se estira constantemente. Aquí hay algunas declaraciones clásicas de positividad tóxica que he recibido:

- «Disfruta cada minuto».
- «Solo espera un poco más. Vas a extrañar este momento».
- «Da gracias porque eres capaz de tener hijos».
- «Todos los bebés son una bendición».
- «Hay tantas personas a las que les gustaría estar en tus zapatos».
- «El embarazo siempre es un momento mágico».

Me duele cada vez que estoy buscando apoyo o afirmación y alguien responde con un comentario como este. Sé que están tratando de ayudar, pero la culpa inunda mi cuerpo. Empiezo a castigarme y me cierro, sin querer pedir apoyo a nadie por miedo a parecer desagradecida o rechazada. Muchas de mis clientas embarazadas y padres han hecho eco de este sentimiento. Hay una inmensa presión para agradecer por cada faceta de la paternidad, y no hacerlo te convierte en una madre o un padre malos o desagradecidos. Tenemos que cambiar la narrativa aquí.

Puedo decir honestamente que he estado agradecida por cada día de mi embarazo; pero, ¡por Dios!, en esos días en los que me he desplomado sobre un inodoro durante horas y he tratado de contener el vómito mientras estaba sentada frente a un cliente vulnerable que no tenía ni idea, fue muy difícil. O en los días en los que mi piel se estira y mi esposo quiere tocarme, creo que gritaré si lo hace. En momentos como esos es muy difícil para mí ser agradecida. Es difícil para mí ver a este niño como un regalo cuando me despierto cada treinta minutos a orinar, aunque no haya bebido agua. A pesar de todo esto, estoy inmensamente agradecida por este bebé y por este embarazo. Así que esto es lo que me gustaría que alguien hiciera por mí y algunas sugerencias que he escuchado de mis clientes:

- Que me deje desahogarme sin forzar el tema de la gratitud. Lo prometo: estoy agradecida.
- Que no use el hecho de que otras personas no puedan embarazarse como una manera de hacerme poner los pies en la tierra. Yo sé que soy afortunada. Pero eso no hace que esto duela menos.

- Validar cómo me siento y ser consciente de que solo estoy pasando por un momento difícil. «Vaya, eso suena muy doloroso» funciona de maravilla.
- Solo estar ahí y mostrar solidaridad. Por ejemplo, pasar a dejar una comida, enviar un mensaje de texto u ofrecerse a lavar la ropa.
- Recordar que cada embarazo es diferente. Lo que pudo haber sido mágico para ti es absolutamente insoportable para otra persona.

10. Racismo, homofobia, sexismo, capacitismo, tamañismo, clasismo y otros tipos de prejuicios

Internet y las redes sociales se han convertido en un espacio cada vez más tenso en los últimos cuatro años. Pero después de la muerte de George Floyd, en mayo de 2020, la web explotó. Las voces gritaban unas sobre otras mientras la gente golpeaba sus teclados con enojo (y con razón), exigiendo respuestas y justicia. La respuesta de las personas era abrumadora y vi cómo se desarrollaba algo realmente interesante. La positividad tóxica estaba en todas partes, y eran principalmente personas blancas, o personas que nunca se habían visto afectadas por este tipo de injusticia, quienes gritaban a través de sus pequeñas pantallas de teléfonos en el agujero negro de internet. Los comentarios llegaron:

- «¡¿Por qué no solo nos amamos los unos a los otros?!».
- «¡Solo hay que intentar llevarnos bien!».
- «Necesitamos paz».
- «Todos somos una sola raza humana».
- «No veo el color en las personas. ¡Amo a todos por igual!».

Sí, sería maravilloso que todos nos amáramos. Es un objetivo que también me gustaría lograr. También sería genial si todos pudiéramos llevarnos bien y tener más paz. Y técnicamente, sí, todos somos una sola raza humana. Pero ¿es esta la forma más útil y productiva de responder en este momento?

Nunca pretenderé ser una experta en antirracismo, racismo o cualquier otro aspecto del prejuicio. He aprendido mucho de algunos maestros y líderes increíbles en ese campo, y sospecho que seguiré aprendiendo y cometiendo errores durante mucho tiempo. Me siento muy confiada acerca de cómo debemos responder a las personas cuando están experimentando formas de prejuicio y discriminación reales, medibles y obvias. Sé que responder de esta manera cuando alguien está molesto es despectivo y, en última instancia, no sirve para nada. Si has dicho algunas de las afirmaciones enumeradas anteriormente, está bien. Haz una pausa y respira hondo. No significa que seas una mala persona. Al igual que con cualquier tipo de positividad tóxica, la intención suele ser buena, pero el impacto de verdad duele y, en algunos casos, puede causar un daño real. Lo importante es reconocerlo y pensar por qué podría no ser útil.

El núcleo de la positividad tóxica es que minimiza y cierra la conversación. Dice con certeza: «No, ese sentimiento que estás experimentando está mal, y déjame decirte por qué es mucho mejor ser feliz». Es exactamente lo contrario de lo que queremos hacer cuando las personas sienten dolor. Cuando se habla de racismo o de cualquier otro tipo de prejuicio contra las personas que se ven afectadas o que tienen la experiencia de vivir con esa identidad, queremos hacer espacio, validarlos y luego actuar por nuestra cuenta para luchar contra los sistemas que nos han traído hasta este punto. Necesitamos estar especialmente dispuestos a hacer esto cuando no tenemos ninguna experiencia personal o conocimiento de cómo es vivir la vida en ese cuerpo. Este es uno de esos momentos en los que es bueno ceder ante los expertos. No todos los grupos de personas marginadas o afectadas de alguna forma sienten lo mismo. Cada persona discapacitada o que vive en un cuerpo más grande o es una persona de color tendrá una experiencia un poco diferente; no son un grupo monolítico. Aquí es cuando es tan importante que dejemos de lado las tautologías y escuchemos.

He aprendido algunas cosas que podemos hacer y decir en lugar de los clichés, tomando inspiración de las declaraciones de maravillosos educadores antirracistas en la comunidad. Erin Matthews, LCSW, Rachel Cargle y Tarana J. Burke son algunos de los muchos educadores que han aportado muchísimo a mi educación. También he aprendido de muchas otras personas que luchan contra el sexismo, la homofobia, el capacitismo, la discriminación corporal y otros tipos de prejuicios dentro de nuestras comunidades. Mi principal conclusión de esta educación es que hablar es fácil, y las tautologías son aún más fáciles. Tenemos que aprender a actuar.

La próxima vez que te sientas obligado a usar positividad tóxica en respuesta a la lucha de alguien en una o más de estas áreas, en lugar de eso puedes usar una de las siguientes sugerencias:

- Escucha a la persona con las experiencias vividas, y dile: «Te creo».
- Haz tu propia investigación. Recurre a libros, sitios web, pódcast, etc., para informarte sobre cómo es encarnar uno de estos muchos grupos marginados.
- Ten conversaciones con amigos, familiares y compañeros de trabajo sobre estos temas.

- Sigue a los *influencers* que forman parte de estos grupos.
- Apoya a las empresas e iniciativas de personas marginadas.
- Paga a los empleados de manera justa y mantén una presentación adecuada en el lugar de trabajo.
- Responsabiliza a las empresas por sus prejuicios.
- Vota por la legislación y por los líderes que apoyen a estas personas.
- Admite cuando te equivoques y crea un plan para hacerlo mejor.
- Recuerda que este es un proceso que nunca termina.
- Esto, por supuesto, no es una lista exhaustiva, y hay mucho más por hacer al respecto, pero es un buen punto de partida. En el capítulo ocho veremos cómo la positividad tóxica sigue apuntalando estos sistemas.

11. Problemas de salud mental

Liz luchó contra la ansiedad y trató de reconciliar su fe en Dios con su necesidad de tratamiento de salud mental. Por fin reunió el valor para contarle a sus padres sobre la terapia, pero nos tomó muchas sesiones llegar a ese punto. Liz y yo hablamos sobre sus padres y cómo sus creencias afectan su ansiedad en una de esas sesiones. Para ellos, recibir tratamiento de salud mental era una señal de falta de fe y se oponían a la idea.

Los padres de Liz a menudo decían cosas como:

- «¡No estás enferma!».
- «Tienes todo lo que necesitas. No entiendo por qué podrías estar ansiosa».
- «Tienes mucho por lo que estar agradecida y feliz. Concéntrate en eso».

- «Ten pensamientos más felices y todo saldrá bien».
- «Solo necesitas ser más positiva».

Este tipo de declaraciones son comunes entre las personas que no entienden por completo la naturaleza o la complejidad de los problemas de salud mental. Para ellos, tu mente es algo que puedes controlar y arreglar con fe y con una mejor actitud. No tiene sentido para ellos que alguien esté tratando con todas sus fuerzas de ser feliz o de sentirse menos ansioso y que, aun así, sea incapaz de salir de eso.

Los problemas de salud mental son bastante complicados y rara vez hay una causa. Como terapeuta, me he dado cuenta de que nadie quiere mejorar más que el paciente que lucha con estos problemas. Nunca he conocido a un cliente que de verdad disfrute luchar con su salud mental y que no quiera mejorar. Sé que desde fuera podría no parecer así, pero es verdad. Estas personas por lo general están aterrorizadas, no saben por dónde empezar o no entienden cómo algo podría ser diferente.

Ver a alguien luchar con su salud mental es un desafío. Puede hacerte sentir como si te estuvieras ahogando y fueras incapaz de salvar a alguien que te importa. Esto nos obliga a probar todo tipo de cosas, como la positividad tóxica, en un intento de ayudar. Liz entendió que sus padres tenían buenas intenciones, y sabía que querían ayudar. Esto es lo que ella desearía que hubieran hecho o dicho:

- «Te creo, y sé que no quieres sentirte así».
- «Puedo ver lo mucho que te esfuerzas».
- «Te apoyo, y estoy aquí para ayudarte».

- Sentarse con ella en los momentos en que realmente estaba pasándola mal.
- Aprender más sobre lo que estaba enfrentando a través de la investigación, y haciendo preguntas.
- Reconocer que incluso las personas que lo tienen todo pueden tener dificultades con su salud mental.

Reflexión

- ¿Ha habido situaciones en tu vida en las que la positividad no fue útil?
- ¿Ha habido situaciones en tu vida donde la positividad fue útil?
- Si has lidiado con alguna de estas 11 situaciones, ¿cómo desearías recibir apoyo o ayuda?
- ¿Cómo te ha ayudado este capítulo a comprender las diferentes formas en que a las personas les gusta recibir apoyo?

Hay tantas personas que están peor. Da gracias por lo que tienes.

Siempre habrá alguien que esté peor y alguien que esté mejor. Reconocer que algo es peor puede ayudar a darte algo de perspectiva, pero no disminuye lo que sientes. Está bien quejarse de algo por lo que estás agradecido.

Capítulo 4

Deja de avergonzarte

Dominé el arte de fingir a una edad temprana. No me refiero a la forma de fingir en la que te pones un vestido y pretendes ser una princesa; esto era diferente. Esta simulación implicaba tratar a los demás con pinzas y esconder cualquier aspecto que no fuera perfecto o hermoso. Implicaba, también, comprar un guardarropa nuevo cuando estuviera triste y negar que lo estaba. Siempre había una nueva compra, un nuevo evento o un viaje para encubrir y compensar la existencia de cada emoción negativa. Aprendí que, si iba a estar triste, más me valía tener una buena razón. También me volví muy consciente de que no se le permite estar triste a quien tiene cosas y recursos materiales, pues siempre habría alguien que lo estaba pasando peor, y eso era motivo suficiente para negar, negar y negar.

Era evidente que había sentimientos «buenos» y «malos». No importaba lo que estaba pasando en la vida; solo te vestías, ponías tu mejor sonrisa y cumplías con el trabajo. Si alguien te lastimó y trataste de hablar de eso, estabas siendo «negativa». Mientras todos creyeran que eras feliz, eras feliz. Me di cuenta de que el objetivo en realidad no era ser feliz, sino *parecerlo*.

Muchos de nosotros nos hemos quedado atascados en esa trampa. Tratamos de parecer felices en las redes sociales, en vez de enfrentar cómo nos sentimos. Cuando la gente nos pregunta cómo estamos, mentimos y decimos «¡Genial!» con una sonrisa forzada. Fingimos porque creemos que es lo que tenemos que hacer. Nos aterra pensar en lo que sucedería si dejáramos de fingir. «¿Los asustaré? ¿Serán capaces de manejar cómo me siento realmente?». Mejor no arriesgarse, ¿verdad?

Sentirse deprimido o ansioso es difícil. Fingir que no lo estás es mucho más difícil.

Visto en retrospectiva, he pasado gran parte de mi vida fingiendo. Fingiendo que era feliz, que me sentía segura, que me gustaba mi cuerpo... Fingir se convirtió en una segunda naturaleza, como accionar un interruptor. Honestamente, creo que es por eso que estoy tan desilusionada con la cascada de fotos «perfectas» en Instagram, y me cuesta estar cerca de personas que actúan todo el tiempo como si de verdad fueran felices. Es como si supiera su secreto. Por un tiempo, realmente creí que fingir era la única manera de vivir. Me dije a mí misma que tenía seguridad financiera, así que no podía estar triste. Habitaba un cuerpo «normal», así que no podía odiarlo. Asistí a una buena escuela, así que no podía quejarme. «Tengo mucho que agradecer; muchas otras personas están peor, y yo debería estar feliz». Estos eran los mensajes que resonaban interminablemente en mi cabeza. Una montaña de gratitud forzada se derramaba encima de cada emoción angustiosa que sentía, hasta que no pude respirar. Sentirse deprimida o ansiosa es difícil. Fingir que no lo estás es mucho más difícil.

Cuando tenía 25 años me di cuenta de que estaba completamente exhausta de fingir. De pronto me descubrí batallando por mantener en pie la ilusión, una fachada. Y luego me fui al otro extremo: me volví descaradamente honesta acerca de mis sentimientos; algunos dirían que demasiado honesta. No podía estar cerca de nadie que estuviera fingiendo su alegría. Empecé a notar cómo me mostraba en las redes sociales y cómo esa imagen contradecía totalmente lo que sentía por dentro. También vi esto en otros. El amigo que en un momento lloraba por una ruptura y luego publicaba diez *selfies* con una sonrisa de oreja a oreja, acompañada por el texto: «¡La vida es increíble!». La mujer que no había hablado con sus hijos en un mes y publicó una foto donde decía «¡Amo a mis hijos!». Y las muchas, muchas caras sonrientes que me devolvían la mirada mientras pasaba imagen tras imagen en Instagram. No era el hecho de que las personas estuvieran felices en las redes sociales o que no estuvieran siendo vulnerables ante todos sus seguidores. No es necesario hacer pública tu vulnerabilidad, ni que compartas todos tus sentimientos con el mundo. Hay una gran incongruencia entre el estado de la vida real y lo que se muestra al mundo en las redes sociales. Mucha presión para mostrarse públicamente de una manera y ocultar todo lo demás. Este descubrimiento significó terminar algunas relaciones y volver a sentir cómo duele crecer (madurar emocionalmente). La positividad tóxica iba perdiendo poco a poco su control sobre mí.

Ingenuamente pensé que era la única que se sentía así, pero rara vez estamos solos en cómo nos sentimos. Cliente tras cliente se sentó en mi sofá y me contó sobre la positividad tóxica en sus vidas. Los mensajes bien intencionados de amigos y familiares, las *horas felices* en sus horrendos trabajos que les succionaban el alma, y la presión de aparentar que lo tenían todo bajo control. A menudo me pregunto cómo se verían las redes sociales de mis clientes (nunca las he mirado por una cuestión ética). Pero me he preguntado: ¿sus imágenes podrían contradecir por completo lo que compartieron en la terapia? ¿Cuánto de lo que publicaron realmente lo creían? ¿Querían que los demás lo creyeran?

Cuando comencé mi formación para convertirme en terapeuta, noté que había un fuerte enfoque en el pensamiento positivo y en las emociones positivas. Aprendimos sobre las emociones difíciles desde la perspectiva de la enfermedad mental, y el objetivo era cambiar las emociones negativas por positivas. Quería erradicar el sufrimiento por completo, no aprender a vivir con él o a lidiar con él. Sé que estaba repartiendo positividad tóxica como caramelos entre mis primeros clientes. (Si alguno de ellos está leyendo esto, créame que lo siento mucho. En ese momento pensé que era lo que necesitabas). Mis clientes estaban cansados de ocultar sus sentimientos a sus amigos, cansados de fingir una sonrisa en el trabajo, y cansados de publicar fotos en Instagram después de haber llorado solos en el baño. Con el tiempo, fue muy evidente que todos estábamos enfermos y cansados de la positividad tóxica, y que todos teníamos demasiado miedo de decir algo. Para ser honesta, estaba feliz de no estar sola.

Cómo usamos la positividad tóxica contra nosotros mismos

Esto es lo que nos hace la positividad tóxica. Nos atrapa en una vida de simulación hasta que ya no podemos más. Nos dice que, si alguien está en peores condiciones, no podemos estar tristes. Si hay algo por lo que estar agradecido, la gratitud debe ser la única emoción. Te dice que deberías ser feliz y que ya deberías haber superado esto. Te deja escondido detrás de una máscara de falsa alegría, aislado y solo. La positividad tóxica aumenta los sentimientos de vergüenza, insuficiencia y aislamiento. Puede provenir de buenas intenciones, pero no nos hace ningún favor.

Usamos la positividad tóxica contra nosotros mismos cuando decimos cosas como:

- «Ya debería haber superado esto».
- «Debería sentirme feliz».
- «Tengo mucho que agradecer».
- «Otras personas están peor».
- «No debería sentirme así. Mi vida está llena de cosas buenas».
- «A otras personas les encantaría tener mis problemas. No está tan mal».

La positividad tóxica nos daña de muchas maneras, que incluyen:

- Acabar con la curiosidad y con la exploración de la emoción.
- Avergonzarte por ser «negativo».
- Hacer que no quieras acercarte a los demás.
- Reprimir tus emociones y hacerlas más intensas y difíciles de manejar.

La positividad tóxica nos dice que lo que sentimos está mal y que no deberíamos sentirlo. Exige que tengamos una razón «suficientemente buena» para justificar cualquier tipo de angustia. Cuando creemos que hay ciertas emociones que debemos sentir y otras que no, estamos condenados a experimentar vergüenza cuando experimentamos más de las últimas y menos de las primeras. Es por eso que terminamos tratando de suprimir y encubrir todas nuestras emociones difíciles con compras, comida, alcohol, redes sociales y cualquier otra forma de adormecimiento que podamos tener en nuestras manos. Queremos salir de la angustia lo antes posible para evitar la vergüenza de sentirla en primer lugar. Avergonzarnos por experimentar una respuesta normal y biológicamente programada a un estímulo no nos llevará a ninguna parte. Simplemente terminará en más vergüenza, mentiras y encubrimientos.

Usar la positividad tóxica contra nosotros mismos obstruye la curiosidad y la exploración de la emoción. Piénsalo. Cuando te sientes triste y alguien te dice «solo sé feliz», ¿vas a seguir hablando de lo triste que estás? No. Probablemente te cierres y termines la conversación. Tratamos de negar la existencia de una emoción porque no se alinea con lo que creemos que debería estar allí. Pero ahí está el punto: las emociones no son intelectuales. No puedes alejarlas con el razonamiento o negarlas hasta que dejen de existir. Las emociones no siempre dicen la verdad, y a veces las interpretamos incorrectamente, pero están ahí por algo. Decirte a ti mismo que no deberías sentir algo no cambiará esa realidad.

Cada vez que intentaba ocultar lo que sentía con positividad, siempre me quedé con la culpa o con la vergüenza, o con ambas. La culpa nos dice que hicimos algo malo; la vergüenza dice que somos malos. Cuando nos condenamos a nosotros mismos por tener un sentimiento o tratamos de ocultarlo con pensamientos positivos y gratitud, nos sentimos avergonzados, aislados y temerosos de compartir nuestros sentimientos con los demás. Si todos los demás están felices, nosotros también deberíamos estarlo. Si tenemos sentimientos negativos, bueno, entonces algo debe de andar mal en nosotros.

La positividad tóxica también inhibe completamente la posibilidad de vincularnos con otros. Si creo que todos los demás están felices (porque eso es lo que me dicen y me muestran) y estoy teniendo dificultades, ten por seguro que no se lo diré a nadie. Porque si les digo que no estoy bien, asumo que me juzgarán o criticarán. Es muy difícil conectar con otros cuando nos sentimos aislados y como si fuéramos los únicos que experimentamos algo. La positividad tóxica nos dice que debemos ser felices todo el tiempo, y que cualquier otra cosa es un fracaso. Pero ¿qué tal si todos sentimos tantas cosas y lo hacemos solos cuando no es necesario? ¿Y si todos somos mucho más similares en los momentos difíciles de lo que somos diferentes? Si sé que tú también sientes dolor, sería mucho más fácil para mí compartir mis luchas y mis éxitos. De verdad quitaría la presión de encima y nos permitiría simplemente ser nosotros mismos.

Por qué todas esas afirmaciones positivas no funcionan

Fui a un terapeuta cuando tenía 17 años. En la segunda sesión me hizo pararme frente a un espejo y decirme afirmaciones positivas como «Me amo» y «Soy valiosa». Nunca volví a verlo.

Honestamente, las afirmaciones positivas siempre me han parecido un poco forzadas, falsas e incómodas. Las he probado a lo largo de los años porque la gente se entusiasma locamente con ellas, y siempre me sentía peor. Fue difícil animar a mis clientes a usarlas después de mi propia experiencia.

Si estás en un lugar realmente oscuro, las afirmaciones positivas pueden parecer mentiras descaradas. He descubierto que nadie quiere admitir esto. Es como si nos dijeran una y otra vez que el pensamiento positivo debería funcionar y funcionará, así que seguimos repitiendo «¡Soy el mejor! ¡Me quiero a mí mismo!» y miramos alrededor de la habitación mientras pensamos: «¿Esto de verdad te funciona? ¿Estoy haciendo algo mal?».

No estoy negando el poder del lenguaje. La manera de hablar es extremadamente importante, y es una gran parte del trabajo que hago con los clientes. Cada vez que escribo sobre esto, inevitablemente alguien me dice que necesito investigar sobre el poder del pensamiento y el lenguaje positivos. Sí, la ciencia es muy clara respecto a que el lenguaje positivo tiene un impacto positivo en nosotros en algunas situaciones, y el lenguaje negativo puede tener un impacto negativo en nosotros, psicológica y físicamente. Pero no todo es solo blanco y negro.

Se ha demostrado que el pensamiento positivo y las afirmaciones positivas son más efectivos en sujetos con mayor autoestima. Para las personas con baja autoestima, el pensamiento positivo es en realidad contraproducente.[1] Estas personas con el tiempo se dan cuenta de que las palabras no se sienten verdaderas, y esto puede conducir a una depresión mayor. También se ha descubierto que el hiperoptimismo conlleva un riesgo adicional de depresión porque se ha demostrado que los hiperoptimistas carecen de preparación cuando se enfrentan a algún riesgo o a una situación difícil.[2]

No es tan simple como: afirmación positiva repetida = felicidad.

Hay algunas razones clave por las que las afirmaciones positivas pueden no funcionar para ti:

Si crees que tu afirmación positiva no es cierta, no va a funcionar

Digamos que tu objetivo es amarte a ti mismo. Eso sería bueno, pero no vas a sentir ese amor todos los días. «Amarte a ti mismo» también es un objetivo bastante ambiguo. Es posible que no sepas realmente lo que significa. Es probable que todavía haya cosas que te afecten, días en los que no te sientas bien y momentos en los que te mires en el espejo y los pensamientos negativos te invadan. Si realmente no te gustas o no te respetas a ti mismo, amarte puede parecer imposible. Si crees que el objetivo es amarte siempre a ti mismo, te sentirás un fracaso en los días en que esa afirmación positiva sea más difícil de internalizar.

Si te odias a ti mismo y comienzas a repetir «Me amo a mí mismo» una y otra vez, puede que te sientas bien por un momento. Pero muy pronto solo será ruido. Comenzará a sentirse falso y vacío. Si eres como los cientos de personas que han compartido este preciso escenario conmigo, probablemente comenzarás a sentirte como un fracaso. No es tu culpa. Simplemente, la afirmación era demasiado forzada para este momento.

Si no hay un cambio de comportamiento con la afirmación, no va a funcionar

La afirmación tiene que estar apoyada por una acción que «informa» a la creencia. Si sigues teniendo comportamientos que niegan esta creencia o que se oponen por completo a ella, será aún más difícil integrar la afirmación positiva.

Tenemos que mirar tanto nuestros pensamientos como nuestros comportamientos. Es una excelente práctica preguntarse: ¿Cómo puedo representar esta afirmación? ¿Cómo puedo mostrarme lo que quiero creer?

Para seguir con la afirmación «Me amo», me gustaría saber:

- ¿Cómo es amarse a uno mismo?
- ¿Cómo puedo demostrar que me amo? ¿Qué comportamientos demostrarían esa creencia?
- ¿Cómo me mostraré amor, incluso cuando sea difícil?

Si no hay esfuerzo por crear aceptación interna, amor y respeto por uno mismo, no va a funcionar

Cuando usamos afirmaciones, estamos tratando de alcanzar un lugar de amor, aceptación y respeto por nosotros mismos. Para creer una afirmación, tenemos que creer que somos dignos de bondad. Si todavía te aferras a la creencia central de que no eres digno de amor o de bondad, la afirmación sonará hueca. Tenemos que creer sinceramente que existe la posibilidad de que esta afirmación y otras cosas positivas sobre nosotros sean ciertas.

Creo que es útil comenzar con la posibilidad de que algo sea cierto, y tener cierta flexibilidad con la afirmación. Entonces, si quieres amarte a ti mismo, así es como harías que la afirmación sea más flexible y creíble cuando la aceptación, el amor y el respeto por ti mismo sean difíciles de encontrar.

En lugar de decir «Me amo a mí mismo», podrías decir:

- «Puedo aprender a amarme a mí mismo».
- «Acepto que no me amaré todos los días».
- «Trataré de demostrarme amor, incluso cuando sea difícil».
- «Si no puedo amarme a mí mismo hoy, lo intentaré de nuevo mañana».
- «A veces amarme a mí mismo es difícil, y todavía lo estoy intentando».

Cuando hacemos espacio para la compasión y la posibilidad, estamos creando flexibilidad mental. Esto nos permite tener compasión cuando la afirmación aún no se siente verdadera, y dar cabida a la posibilidad de que algún día sea verdad.

Cómo hacer que las afirmaciones funcionen para ti

El lenguaje es increíblemente poderoso e importante. Si creas las afirmaciones correctas, te ayudarán a lograr tus objetivos y a mejorar tu salud mental. Una afirmación es algo que te repites a ti mismo con frecuencia, que usas cuando sientes que estás en la cima del mundo y también cuando tu ánimo está por los suelos. ¿Qué podría ser más importante que la forma en que te hablas a ti mismo todo el día? Las afirmaciones pueden ser sobre cómo nos gustaría sentirnos con nosotros mismos, una meta o solo un sentimiento general. Algunos ejemplos: «Soy resiliente», «Estoy aprendiendo a amarme», «Conozco mi propia realidad».

Las afirmaciones funcionan mejor cuando son:

- Relacionadas con tus valores actuales.
- Veraces.
- Alcanzables.
- Sustentadas en acciones reales.
- Utilizadas para empoderar y no para encubrir o eliminar un sentimiento angustiante.

Primero, hablemos de cómo alinear tus afirmaciones con tus valores. Tus valores son lo más importante en tu vida. Determinan tus prioridades y cómo sabes si tu vida está yendo como tú quieres. Cuando tu comportamiento está alineado con tus valores, la vida suele ser bastante satisfactoria. Cuando tus valores y tus acciones no están alineados, se vuelve cada vez más difícil llegar al final del día. La investigación nos muestra que las afirmaciones funcionan mejor cuando apoyan o refuerzan tus valores ya existentes.[3] Esto significa que identificar tus valores es un paso importante cuando decides elaborar una afirmación.

Para alinear tus afirmaciones con tus valores, pregúntate:

- ¿Cuáles son mis valores fundamentales? (Una búsqueda rápida en Google te dará algunas listas admisibles de valores).
- ¿Qué es importante para mí?
- ¿Cómo aparecen mis valores en mi vida diaria? ¿A qué suelo destinar la mayor cantidad de tiempo y de energía?
- ¿Hay algunos valores en los que me gustaría enfocarme?

Una vez que hayas identificado tus valores, puedes crear una afirmación. Identifícala y responde las siguientes preguntas.

Para evaluar si tu afirmación es creíble, pregúntate:

- ¿Qué me gustaría creer?
- ¿Se siente posible esa creencia? ¿Puedo imaginar un mundo donde eso sería cierto?
- Si no se siente posible, ¿cómo puedo ajustar esa afirmación?

La afirmación debe sentirse posible y tener el potencial de ser verdad.[4] Esto variará, dependiendo de la persona y de sus circunstancias. Lo que se siente verdadero para ti puede parecer bastante improbable para mí. Si empiezo con «Me gustaría amarme a mí misma» y eso no parece posible, podría cambiar la afirmación a «Me aceptaré a mí misma» o «Trataré de amarme a mí misma». Agregar palabras como *posible*, *podría* o *intentaré* puede ayudar a que una afirmación se sienta más flexible.

La afirmación también debe ser factible. Esto significa que necesitas sentir que puedes hacer realidad esta afirmación por medio de tus propios esfuerzos mentales y físicos. De nuevo: esto es muy personal, y lo que es alcanzable para mí podría no serlo para ti. Todos somos diferentes, e interactuamos con diferentes apoyos y barreras en nuestras vidas. Trata de evitar afirmaciones absolutas como *siempre* o *nunca*, ya que son aún más difíciles de lograr.

Para evaluar si tu afirmación es factible, pregúntate:

- ¿Esto me parece realista?
- ¿Es esto algo que me parece posible, incluso si no es factible en este momento?
- ¿Puedo encontrar los recursos o el apoyo que necesito para que esto suceda?
- ¿Esta afirmación es flexible, o uso palabras como *siempre* o *nunca*?

Está bien no tener todos los recursos o herramientas para lograr que tu afirmación suceda en este mismo instante. En lo que deberías concentrarte es en qué tan realista te parece esto y si hay un camino posible para llegar allí. Muchos de nosotros crecemos escuchando mensajes como «Puedes lograr cualquier cosa que te propongas» o «El mayor obstáculo en tu camino eres tú mismo». Y aunque es un fastidio que tenga que decir esto, simplemente no es cierto. Tenemos que mirar lo que se puede lograr en nuestra situación particular.

Cuando era niña, tenía que usar anteojos con tanto aumento que mis ojos parecían cinco veces más grandes detrás de los lentes gruesos. Sin esos anteojos, ni siquiera podría identificar a mi mamá. En esos años no hacían lentes de contacto con el aumento que yo necesitaba, por lo que convertirme en la número uno del equipo de natación o jugar un deporte de contacto no estaba en el menú para mí. ¿Podría haberlo hecho si hubiera tenido una escolta hasta la piscina y alguien me hubiera enseñado a sumergirme y nadar sin ver? Por supuesto. Pero habría pasado demasiado tiempo tratando de desarrollar una habilidad que realmente no valía la pena. Me habría perdido de cultivar todas las otras habilidades que ya estaban dentro de mí. Todos tenemos diferentes metas, talentos y habilidades. Si mides un metro sesenta, es probable que no obtengas un lugar en la NBA, y eso está bien. Esos jugadores de la NBA nunca serán gimnastas. Se trata de encontrar cuáles son tus habilidades y cómo acceder a los recursos que te ayudarán a mejorarlas.

Para decidir cómo apoyarás tu afirmación con acciones, pregúntate:

- ¿Cómo sería llevar a la acción esta afirmación?
- ¿Qué haré cuando vivir esta afirmación se sienta difícil?
- ¿Qué haré o qué necesito para que esta afirmación sea posible?

La mayor parte de la literatura sobre el pensamiento positivo ignora el poder de la acción. Sus métodos están estrictamente enfocados en el pensamiento. Los pensamientos son poderosos. La acción es aún más poderosa. Una vez que tengas una afirmación, necesitas vivirla o nunca será verdad. Si constantemente dices:

«Amo mi cuerpo», pero te criticas a cada paso y pruebas dieta tras dieta, no sentirás que amas tu cuerpo. Este paso es muy importante. Quiero que identifiques una o dos maneras en las que vas a vivir esta afirmación en tu vida diaria. ¿Cómo probar que este pensamiento es cierto? Puede parecer forzado o extraño al principio, pero con la repetición del pensamiento y la acción se volverá más fácil.

Para asegurarte de que no estás utilizando la afirmación para encubrir otro sentimiento angustioso, pregúntate:

- ¿Cuál es el propósito de esta afirmación?
- ¿Esta afirmación me impide procesar otro sentimiento?
- ¿Esta afirmación me ayuda a procesar mis emociones?
- ¿Esto se siente como un apoyo, o más bien como una negación?

Algunas afirmaciones también pueden ser demasiado positivas. Por lo general, es en este punto donde he notado que las cosas van mal. Estas afirmaciones se utilizan para encubrir algo más, generalmente algo más grande y angustioso. Si acabas de perder a alguien cercano y estás en duelo, repetir «Amo mi vida» todos los días no eliminará el dolor. Todavía tendrás que pasar por eso. Si estás pasando por algo realmente difícil, es mejor tener una afirmación que te ayude a superar esa emoción. Si estuvieras en duelo, podrías decir algo como «Esto es difícil, y lo superaré» o «Estoy de duelo y soy resistente». Esto ayuda a validar la emoción real que estás sintiendo, y agregar algo que te empodera.

Cuando creamos una afirmación congruente con nuestros valores, que es creíble, alcanzable, reforzada por la acción y que apoya nuestra experiencia emocional, pueden suceder muchas cosas buenas. La afirmación correcta puede llevarnos de odiar algo, a contemplar la posibilidad de neutralidad, de ahí a la neutralidad misma, y luego a un lugar donde la afirmación positiva se siente posible (tal vez la mayor parte o una parte del tiempo) y somos capaces de poner en práctica esa afirmación por medio de nuestros pensamientos y comportamientos.

Es importante tener en cuenta que ninguna afirmación es cierta cada segundo de cada día. Nunca te sentirás bien con tu cuerpo o con cualquier otro aspecto de tu vida todo el tiempo. El objetivo es la aceptación, la capacidad de hacer espacio para esa fluctuación, y creer que ser amable contigo mismo está permitido y es útil. A medida que practiques esta nueva forma de desarrollar afirmaciones, poco a poco se convertirá en una segunda naturaleza e intuitivamente desarrollarás afirmaciones que te respalden a ti y a tu realidad actual.

Necesitas sentir esas emociones difíciles

Abro el navegador de mi computadora a última hora de la tarde, y Aly ya está conectada para la sesión de terapia virtual. Se sienta en el piso de su dormitorio con la tarea y los bolígrafos esparcidos a su alrededor. Es joven, pero su perspicacia supera la de muchos de mis clientes adultos. Termino aprendiendo algo de ella en cada sesión. La relación de Aly con su madre es caótica. Pasamos la mayor parte de nuestro tiempo enfocadas en discutir los límites y en manejar su conflicto más reciente.

Aly se disculpa mucho en la sesión. Es algo que aprendió a hacer cada vez que su madre estaba molesta. Se disculpa por sentir, por no recordar algo, por «agobiarme» con su vida. Cada vez que se disculpa, le digo en broma: «Si no puedes compartir tus sentimientos aquí, ¿dónde podrías hacerlo? ¡Literalmente, mi trabajo es escuchar!». Ella se ríe y asiente. Le aseguro a Aly que no tiene que preocuparse por mí ni por mis sentimientos, pero está en su naturaleza. Siempre se preocupa por alguien o por algo, y rara vez se preocupa por sí misma. Lograr que se concentre más en sí misma y menos en los demás es una danza que a menudo nos encontramos haciendo juntas.

Las disculpas crónicas y los profundos niveles de perspicacia de Aly probablemente se deban a su constante necesidad de controlar el estado de ánimo de su madre. Su madre puede ser errática, exigente y muy crítica. Cuando era niña, Aly absorbió la culpa de gran parte de la lucha de su madre y siempre buscó hacer las cosas más pacíficas en el hogar. Cree que *tiene que* reprimir todas sus emociones angustiosas porque no hay espacio para ellas. El estado de ánimo de su madre llena la habitación, y ella puede sentirlo.

La madre de Aly se encuentra en un extremo del espectro de expresión emocional: siente con intensidad, y, debido a su conducta, sus sentimientos se convierten en el problema de todos a su alrededor. No sabe cómo autorregularse. Por esto Aly aprendió a vivir en el otro extremo del espectro. Se convirtió en una maestra en fingir, reprimir emociones y actuar como si todo estuviera bien todo el tiempo. Ninguno de estos extremos es útil o manejable a largo plazo. Tenemos que encontrar una manera de llevar a Aly a un punto medio, incluso si su madre nunca cambia. Entonces, Aly y yo comenzamos a trabajar para ayudarle a ponerse en contacto con esas emociones desafiantes que ella considera «negativas», y a expresarlas.

No hay emociones negativas

La positividad tóxica y la presión incesante para usar afirmaciones positivas nos dicen que hay ciertas emociones que debemos sentir, como la felicidad y la alegría, y otras que debemos evitar a toda costa, como la ira y la aversión. Hay miles de libros, videos y sitios web dedicados a ayudar a las personas a erradicar todas las formas de negatividad emocional de sus vidas. El objetivo es llegar a este hermoso lugar donde tus pensamientos son pacíficos y alegres, tu mente está clara y nada te perturba.

Lamento arruinar la sorpresa, pero este lugar no existe.

Las emociones son una respuesta involuntaria a los estímulos ambientales, y no tenemos control sobre nuestra experiencia emocional.[5] Con el entrenamiento adecuado de habilidades y con un sistema nervioso bien regulado, podemos aprender a responder a nuestras emociones y mejorar nuestro comportamiento, pero nunca tendremos el control total sobre lo que sentimos. Este tipo de control del comportamiento puede ser aún más desafiante para las personas que han experimentado un trauma, tienen un trastorno que conduce a la desregulación del sistema nervioso o que no tienen las habilidades adecuadas para manejar sus emociones. Nunca te dices conscientemente: «Oh, ¡creo que me asustaré cuando ese auto frene de repente!». Solo estás reaccionando.

Contrariamente a la creencia popular, no hay emociones negativas. Solo hay emociones que son más difíciles de experimentar o que causan más angustia en ciertas personas, y, cuanto más reprimes esas emociones, más difíciles son de manejar. Algunas personas pueden luchar más con la alegría o la calma, mientras que otras evitan la ira o la ansiedad. Los sentimientos a los que normalmente nos referimos como negativos son la tristeza, la ira, el miedo y el asco. Estas son emociones que tendemos a reprimir o que preferimos evitar porque no nos gusta cómo se sienten o cómo nos hacen comportarnos. Hay una razón por la que estas emociones son tan difíciles de manejar. Hacen que nuestro cerebro libere cortisol, la hormona del estrés. Entonces la corteza prefrontal se vuelve incapaz de procesar la información de manera efectiva. Nuestra capacidad para aprender o prestar atención se ve significativamente afectada, y luchamos. Pero estas emociones en realidad tienen una función importante en nuestra vida, y ayudan a protegernos.

Las emociones difíciles o angustiosas como la ira, el miedo o el asco te ayudan a:

- Identificar lo que es importante.
- Reconocer cuando alguien o algo te está afectando.
- Señalar algo que necesita atención, como una relación o un problema de salud.
- Saber cuándo estás en peligro.
- Reconocer cuando necesitas descansar o seguir avanzando.
- Decidir dónde necesitas un límite o más flexibilidad.
- Evaluar las situaciones sociales.
- Aprender de tus errores.
- Ser más resistente.

En realidad, es imposible evitar estas emociones y la angustia emocional por completo, y, cuanto más lo intentes, más angustia experimentarás.[6] En lugar de aprender a deshacernos de las emociones desafiantes, debemos aprender a sentarnos, procesarlas y vivir con ellas.

Sé agradecido, o de lo contrario...

La gratitud es a menudo algo que usamos o estamos presionados a emplear cuando experimentamos emociones desafiantes o nos quejamos. Dondequiera que mires, hay alguien o algo que te dice que debes estar agradecido por tener un techo sobre tu cabeza, comida en tu plato e incluso por tus traumas.

- «Agradece que no haya sido peor».
- «Al menos tienes... (inserta lo que creas que debes agradecer)».
- «Tienes mucho por lo que estar agradecido».
- «Alguien con tantas cosas buenas en su vida no puede estar deprimido. Mira el lado bueno».

La gratitud, así como la felicidad, se ha convertido en una obligación moral que debemos cumplir. Sin ella —nos dice nuestra cultura—, probablemente estés condenado a una vida de tristeza y soledad. Cada momento exige la presencia de la gratitud, y esto es agotador.

Las personas que están luchando realmente sienten la presión de ser agradecidas. Si estás ansioso, es porque no te estás enfocando lo suficiente en lo bueno. Si estás en duelo o lidiando con una pérdida, debes recordar lo que tienes y concentrarte menos en lo que se ha ido. Si tuviste problemas para embarazarte, no puedes quejarte del embarazo o de amamantar a medianoche. Si sientes que estás pasando por algo muy difícil, pero tienes un techo sobre tu cabeza y comida en tu mesa, es mejor que tengas algo de perspectiva porque otros la pasan mucho peor que tú. Y es cierto, ¿verdad? Alguien más siempre estará peor que tú en un área y mejor que tú en otra. Creo que también podemos estar de acuerdo en que grupos específicos de personas luchan más en áreas clave que realmente disminuyen su funcionamiento y calidad de vida. Es verdad que cosas como la pobreza, la inseguridad alimentaria, el desempleo, la falta de educación y el abuso o la negligencia tendrán un impacto negativo en las personas, que a menudo se manifestará toda la vida.

El problema con esta lógica es que solo sabemos lo que sabemos. Todos vivimos dentro de nuestras propias órbitas, y si le digo a alguien que lucha contra un trastorno alimentario: «Bueno, hay personas que se mueren de hambre en todo el mundo. ¡Agradece que tienes comida y solo come algo!», eso resultará increíblemente estigmatizante y, además, tremendamente inútil. Es demasiado difícil para alguien establecer una conexión entre esas dos realidades cuando está pasando por un mal momento. Además, ambas cosas son ciertas al mismo tiempo. Este individuo está luchando contra un trastorno alimentario y hay millones de niños que se enfrentan a la inseguridad alimentaria en todo el mundo. Uno no cancela el sufrimiento del otro.

La gratitud, algo que se supone que nos hace conscientes de lo que valoramos y apreciamos en la vida, se convierte en un arma de vergüenza que empuñamos contra nosotros mismos y contra otros en los momentos de mayor conflicto. Lo usamos para silenciar a la gente y cerrar conversaciones.

¿Qué pasaría si, en cambio, hiciéramos espacio para lo malo y acogiéramos lo bueno? Quizás entonces podamos experimentar los verdaderos beneficios de la gratitud.

¿Qué es la gratitud?

El concepto de gratitud es fácil de entender en la teoría, pero difícil de poner en práctica. La gratitud es una orientación general hacia el aprecio de los demás y del mundo que nos rodea.[7] Usamos esta perspectiva para tomar decisiones y crear historias sobre nuestras vidas. Se cree que la gratitud es un rasgo maleable que se puede cultivar y mejorar a lo largo de la vida. También es una creencia que se puede desafiar o fortalecer, según las circunstancias de vida de cada persona, y de la manera en la que esta define esos eventos.[8]

La literatura de gratitud realmente no ha abordado la prevalencia del rasgo de gratitud en diferentes grupos demográficos. Lo que sí sabemos es que la gratitud se asocia significativamente con la edad, el sexo, el nivel educativo y la situación laboral. Las personas mayores, las mujeres, las personas con educación superior y las personas con empleo refirieron puntuaciones más altas del rasgo de gratitud en comparación con personas más jóvenes, hombres, sujetos con un nivel educativo más bajo y las personas desempleadas. Estos resultados muestran cómo el rasgo de gratitud no se distribuye de manera uniforme entre las poblaciones y que no podemos aplicar las mismas estrategias para todas las personas. Un estudio reciente encontró que el rasgo de gratitud era un predictor débil del bienestar subjetivo en el futuro, al tener en cuenta el efecto de los factores demográficos. Claramente hay diferencias culturales, de género, sociales y de personalidad al evaluar los niveles de gratitud entre diferentes poblaciones. También es evidente que las experiencias de vida y el acceso a ciertos recursos tienen un impacto en la capacidad de mostrar o experimentar gratitud.[9]

¿Funciona la gratitud?

Listas de agradecimientos, diarios, recordatorios y afirmaciones de gratitud inundan Instagram todos los días. Por lo general, estas fotos muestran a una persona delgada, blanca y sin discapacidad, en una cocina perfectamente decorada. Me dicen que tengo que agradecer, pase lo que pase, o que «siempre hay algo por lo que estar agradecido». Esa orden me duele cuando estoy pasando por dificultades. Hay algo acerca de esta obligación de encontrar el lado positivo en todo, que simplemente no encaja conmigo.

Durante los últimos diez años ha aumentado la investigación sobre la gratitud y su impacto potencial en la psicopatología, la salud mental, el bienestar general y la salud física. Desafortunadamente, muchos de los beneficios que se nos dice que tiene la gratitud, en realidad disponen de muy poca evidencia científica.

La relación entre gratitud y salud física ha producido resultados no concluyentes. Las terapias y los ejercicios enfocados en la gratitud parecen tener un impacto positivo en una serie de marcadores cardiovasculares e inflamatorios, y mejoran la calidad del sueño. Sin embargo, los efectos de dichos ejercicios sobre las funciones corporales no difieren del efecto de otro tipo de ejercicios basados en la distracción. Actualmente no hay pruebas convincentes que sustenten un vínculo causal entre la gratitud y la reducción de la percepción del dolor en pacientes con enfermedades o dolores crónicos. Por último, la gratitud no parece predecir en forma directa los resultados de la salud física.[10] Sé que esto contradice mucho de lo que me han enseñado sobre la gratitud. Mientras trabajaba como terapeuta novata con pacientes diagnosticados con cáncer y sus cuidadores, las terapias de gratitud eran la prescripción preferida. Tuvo una amplia aceptación que un aumento en la gratitud podría ayudar a alguien a recuperarse físicamente a un ritmo mejor que aquellos que no participaron en una práctica de gratitud. Es muy probable encontrar en cualquier pasillo de hospital un grupo de apoyo para pacientes con cáncer que compartan por qué están agradecidos, o a un médico que le diga a alguien lo importante que es su actitud si quiere recuperarse.

Investigaciones recientes demuestran que una práctica regular de gratitud beneficia moderadamente el bienestar mental, el bienestar emocional y el bienestar social. La evidencia muestra que las intervenciones de gratitud, como escribir un diario, cuando se hacen con regularidad, mejoran el bienestar emocional.[11] Esto tiene sentido; la gratitud nos permite orientar la atención hacia lo que es bueno en nuestras vidas, y eso a menudo nos da una sensación de control. Si nos enfocamos únicamente en lo que nos falta o en aquello sobre lo que no tenemos control, solo nos hará sentirnos peor. La parte difícil es encontrar ese equilibrio y reconocer ambos.

Desafortunadamente, la gratitud no reduce los síntomas de una psicopatología o de las enfermedades mentales. La investigación sugiere que las intervenciones de psicología positiva no siempre son adecuadas para personas con un antecedente de enfermedad mental, y su eficacia depende en gran medida de los recursos de los que dispone una persona y de la adversidad actual en su vida. Incluso puede ser perjudicial sugerir la gratitud como una forma inicial de tratamiento o de afrontamiento cuando alguien está lidiando con una enfermedad mental o con una psicopatología grave. Si bien se ha sugerido cultivar un sentido de gratitud para ayudar a prevenir los problemas de salud mental que siguen a la adversidad, debe utilizarse con cautela con las personas que tienen alguna psicopatología.[12] Es importante tener en cuenta que estas herramientas no son universales y pueden ser dañinas cuando se aplican como sustituto del tratamiento formal de salud mental; en especial, para los casos más graves de enfermedad mental.

La gratitud puede ser una herramienta poderosa cuando se usa en el momento adecuado, por la persona adecuada, pero debemos tener cuidado de no tratar de aplicarla con todas las personas ni en todas las situaciones.

Sé que debería estar agradecido, pero...

Danny y yo hemos estado hablando sobre la relación con su madre. Es extremadamente introspectivo y muy duro consigo mismo. Hasta donde sé, su historial no incluye ningún abuso o descuido importante. Describe su infancia como «normal». Todas las evaluaciones indican que su madre fue en realidad muy amorosa y se esforzó mucho por satisfacer sus necesidades, pero Danny era un niño diferente a sus otros tres hijos y le costó mucho trabajo mantener una relación cercana con él. Esto significa que él pasó su infancia sintiéndose muy aislado, incomprendido y «diferente».

A Danny le tomó alrededor de un año aceptar el hecho de que puede tener problemas con su infancia e incluso algunos sentimientos negativos hacia su madre, al mismo tiempo que está agradecido por lo que tiene. Muchas de sus frases inician con «Sé que debería estar agradecido, pero...». Y enseguida comparte algo como «Tenía todo lo que un niño podría haber deseado. Sé que muchas otras personas la pasaron peor. Me siento mal incluso estando aquí y hablando de esto». Danny se compara con sus amigos, quienes él sabe que vivieron abandono emocional o físico cuando eran niños, y constantemente usan esas experiencias como un medio para minimizar la suya. Su gratitud en realidad solo le provoca vergüenza.

Sé que me he sentido como Danny antes; tal vez tú también. Es esta sensación de que no puedo estar molesta o infeliz porque tengo mucho por lo que estar agradecida. Utilizo la frase «Sé que mucha gente está peor que yo...» antes de quejarme para que la gente entienda que no soy un monstruo; solo estoy molesta por este pequeño detalle. Tal vez continúo con un «Pero ya pasará. ¡Sé que soy afortunada por tener solo este problema! ¡Por favor, no me juzguen!». Es este ciclo interminable de sentir en el que tienes que agregar la advertencia de estar agradecido antes de expresar cualquier tipo de malestar.

No puedes forzar la gratitud

La gratitud es importante, y un poco de perspectiva nunca está de más. Esto es algo en lo que trabajo a menudo con mis clientes. Siempre estamos tratando de encontrar el área gris y dejar espacio para lo que nos lastima y lo que nos apoya. Reconocer ambos nos da espacio para llorar nuestras pérdidas y continuar funcionando. Si nos concentráramos constantemente solo en nuestra carencia o en lo que nos falta, la vida sería imposiblemente oscura y compleja. El problema surge cuando tratamos de forzar la gratitud.

La gratitud forzada se parece a esto: estás teniendo un día realmente malo. Tu auto se descompuso, te quedaste varado en la carretera y te perdiste una reunión importante en el trabajo. Tu jefe está furioso y sabes que reparar tu auto va a dejarte en bancarrota. Esto es muy molesto, frustrante y requiere mucho tiempo. Llamas a tu mamá para desahogarte y tal vez le pidas algún consejo sobre dónde arreglar tu auto. Ella responde diciendo: «Deberías agradecer que tienes un trabajo y un automóvil. A algunas personas les gustaría tener este tipo de problemas. Todo va a salir bien». Todavía estás molesto y tratando de encontrar una solución a este problema, y te fuerzan a sentir gratitud. Tal vez empieces a sentir un poco de vergüenza o de arrepentimiento. «Tiene razón: mucha gente no tiene coche ni trabajo. Debería estar agradecido». Pero esto no funciona porque estás saturado emocionalmente; no tienes un vehículo que funcione y tu trabajo puede estar en riesgo. Hay algo de verdad en esta perspectiva, pero es completamente ineficaz e induce a la culpa.

En su lugar, queremos hacer espacio para el sentimiento actual y luego dejar que la gratitud fluya de manera natural. Continuemos con el ejemplo del auto descompuesto para ilustrar cómo harías esto.

1. Valida tus sentimientos actuales: «Tiene sentido que me sienta molesto. Mi auto se descompuso y decepcioné a mi jefe. Mi trabajo es muy importante para mí y no tengo suficientes ahorros para arreglar mi auto en este momento».
2. Si hay que arreglar algo ahora mismo, concéntrate en solucionar el problema: «Necesito salir del camino y encontrar un lugar para arreglar mi auto. También necesito comunicarme con mi jefe y averiguar a qué hora podré regresar a trabajar hoy».
3. Regula tus emociones actuales hasta que puedas llegar a un espacio de calma. Cuando estamos angustiados, el razonamiento lógico es un desafío. Usa algunas de tus habilidades de regulación emocional para ayudarte a regresar al momento, despejar tu mente y concentrarte. Esto puede tomar un tiempo o incluso requerir varios intentos.
4. Pon las cosas en perspectiva. Cuando tus preocupaciones inmediatas se han resuelto y te sientes validado, puedes buscar otro enfoque y sentir gratitud. Aquí es cuando podría ser útil ver qué va bien en tu vida y a qué tienes acceso.

> Esto no significa que las otras cosas difíciles no existan; todo está sucediendo al mismo tiempo. En este caso podrías decir «Me da mucho gusto que la grúa me haya podido llevar y que no me lastimé. Podré arreglar esto con mi jefe, porque en general soy un empleado confiable».

Es posible que tengas que pasar por este ciclo varias veces, según el evento o la intensidad del sentimiento. Es completamente normal batallar con algunas de las etapas o quedarse atorado.

Cómo hacer que la gratitud funcione para ti

Hay muchas maneras de poner en práctica la gratitud a lo largo del día. Solo recuerda: la gratitud no puede existir sin validación ni sin un procesamiento emocional. Antes de utilizar cualquiera de estas habilidades para mejorar la expresión de gratitud, es importante que te asegures de encontrarte en un espacio en donde estés listo para recibir y experimentar la gratitud. Si te mueves demasiado rápido, probablemente se sentirá un poco forzado e inútil.

Aquí hay algunas cosas que puedes hacer de manera habitual para ayudar a mejorar tu sentido de gratitud:

- Haz espacio tanto para lo bueno como para lo malo en tu vida, prestándoles atención y reconociéndolos a ambos. Por lo general, ayuda comenzar con los aspectos que más te cuesta trabajo manejar, y luego buscar la gratitud.
- Escribe sobre las cosas por las que estás agradecido. Puedes escribir un diario sobre un tema en particular, hacer una lista, un dibujo o cualquier cosa que oriente tu atención hacia el sentimiento de gratitud.[13]

- Da gracias y reconoce a las personas. Se siente muy bien ayudar a los demás y esto también mejora nuestros lazos sociales. Proponte dar las gracias, sonreír y felicitar a los demás.[14]

El componente más importante de cultivar la gratitud es hacerlo con regularidad y no solo en momentos de dificultad.[15] Mientras más capacidad tengas para validar tus sentimientos, resolver problemas de manera efectiva y poner las cosas en perspectiva, es más probable que desarrolles un estado constante de gratitud.

Solo recuerda, los problemas siempre son relativos. Siempre habrá alguien que esté peor que tú, y siempre habrá alguien que esté mejor. Eso no va a impedir que experimentes tus sentimientos. Podemos dejar espacio suficiente para la validación y la gratitud al mismo tiempo. La gratitud es: «Estoy agradecido por lo que tengo. Sé que otros están peor que yo. Sé que podría ser peor». El hecho de que otras personas estén peor que tú o que las cosas «no son tan graves», no va a cambiar cómo te sientes. El truco es equilibrar las dos.

Podemos dejar espacio suficiente para la validación y la gratitud al mismo tiempo.

Aquí hay un ejemplo de validación combinada con gratitud: «Lo que estoy pasando en este momento es difícil y frustrante. Me doy permiso para reconocer eso. Después de validarme a mí mismo, puedo recurrir a la gratitud. Sé que tengo mucho por lo que estar agradecido, pero el hecho de que los problemas de alguien más sean mayores, no disminuye los míos».

Puede que te beneficies al crear tu propia afirmación de gratitud que valide lo que estás sintiendo y dé cabida a la posibilidad de que las cosas mejoren.

Reflexión

Tómate un momento para pensar en la gratitud. Responde las siguientes preguntas de manera honesta y abierta.

- ¿Cuándo aprendiste por primera vez que debes estar agradecido? ¿Qué creencias te enseñaron sobre la gratitud?
- ¿Alguna vez te has sentido presionado a mostrar gratitud?
- ¿Cómo puedes incorporar la gratitud en tu vida de una manera que tenga sentido y que te ayude a sentirte mejor?

Tus pensamientos crean tu realidad.

Tus pensamientos son poderosos, pero no crean toda tu realidad. Eres un ser humano dinámico susceptible a la influencia de muchas personas, lugares, cosas y sistemas diferentes. Podemos crear un cambio sistemático y empoderar a las personas para que usen sus pensamientos para inspirar y motivar.

Capítulo 5

Cómo procesar una emoción

El horario de trabajo de Alissa ha sido caótico, así que redujo sus sesiones conmigo a una por mes. Como suele suceder con las terapias poco frecuentes, pasamos la primera mitad de la sesión poniéndonos al día. Se siente sola, tiene exceso de trabajo, está agotada y mantiene una armadura emocional tan gruesa que apenas puedo traspasarla. «Estoy bien. Ya pasará...», susurra. Su voz es baja y débil. Alissa y yo siempre hacemos esta danza. Viene a terapia y me dice que está bien. Miro sus ojos cansados y su tez grisácea, sabiendo muy bien que no dice la verdad —ni a mí ni a ella misma—. Alissa no se permite sentir nada, y todo el adormecimiento que le provocan el trabajo y el acelerado ritmo de vida no impedirán que las emociones se filtren. Sus sentimientos van a aparecer, le guste o no.

Decido presionar un poco y preguntarle a Alissa qué está pasando en realidad: «¿Se trata solo de trabajo, o hay algo más que no estoy entendiendo?».

Ella clava la mirada en el suelo, reflexionando sobre qué hacer a continuación, y me siento allí en silencio, esperando que mi pregunta rompa un poco su armadura. Alissa me dice que todas sus amigas se están casando, teniendo hijos y que «siguen adelante con sus vidas». Se siente atrapada y perdida. «Mi trabajo me está matando, y es todo lo que tengo». Una sola lágrima resbala por su rostro, y se la limpia rápidamente.

Decido incitarla de nuevo: «¿Sientes algo de esto? Pareces un poco insensible a todo lo que está sucediendo. No estoy segura de que podría mantener todo esto en secreto si estuviera en tu lugar». Me doy cuenta de que está atorada y de que no tiene ni idea de adónde ir desde aquí. Trato de quedarme callada y dejar que procese mi pregunta. Me mira y dice: «La verdad, no tengo ni idea de cómo "sentir" esto. ¿Y eso qué diablos significa?». Su frustración es evidente, y es típica de las personas que han estado reprimiendo y huyendo de sus emociones durante mucho tiempo. No tienen idea de cómo sentir una emoción y la negación les parece la única opción posible. Quiero mostrarle a Alissa cómo romper ese ciclo y cómo experimentar sus emociones.

¿Qué es una emoción?

Las emociones son algo que todos los humanos experimentamos, pero no todos las vivimos de la misma manera. Mucha gente usa los términos «sentimiento» y «emoción» como sinónimos; pero no son lo mismo.

- Una emoción es una experiencia fisiológica (como un latido cardiaco acelerado o dificultad para respirar) que te brinda información sobre el mundo. Es un patrón de reacción complejo que está determinado por el impacto del evento.[1]

- Un sentimiento es tu percepción consciente de la emoción en sí.[2]

Los sentimientos se experimentan de manera consciente, mientras que las emociones se manifiestan consciente o inconscientemente.[3] Con educación emocional y con la práctica, algunas personas pueden experimentar una emoción y darle un nombre o una etiqueta, convirtiéndola en un sentimiento que pueden comprender y experimentar. Esta es una habilidad que se enseña y se aprende; no se nace sabiendo cómo hacer esto, y hay una gran variedad de experiencias emocionales, dependiendo del individuo. A muchas personas, como es el caso de Alissa, les cuesta mucho trabajo hacer esto. Alissa está experimentando emociones, pero no las siente. La negación y supresión de su experiencia emocional hace que le resulte extremadamente difícil comprender el sentimiento. Esta es una experiencia común para las personas que no son conscientes de sus emociones, de cómo se sienten las emociones en el cuerpo ni de cómo se manifiestan. Para ellas, la emoción y la forma en que la experimentan no están relacionadas. Esto significa que es posible que tengan que experimentar esta emoción de manera continua durante un largo periodo antes de que reconozcan su presencia. Dejar que las emociones continúen así puede tener consecuencias negativas tanto en el plano físico como en el mental.

Cómo formamos las emociones

Originalmente, se consideraba que las emociones eran una parte trivial de la vida humana, que no ameritaban estudio o investigación. Charles Darwin reconoció que las emociones tenían alguna utilidad y eran fundamentales para nuestra supervivencia y adaptabilidad, pero no se dedujo mucho más de esta conjetura. En la década de 1990, los psicólogos Peter Salovey y John Mayer introdujeron la primera teoría formal de la inteligencia emocional. La definieron como «la capacidad de monitorear los sentimientos y las emociones, propios y de los demás, diferenciarlos y usar esta información para guiar el pensamiento y las acciones».[4]

Hoy en día, existen varias teorías destacadas sobre cómo funcionan las emociones. Me gusta la teoría desarrollada por Lisa Feldman Barrett. En su libro *La vida secreta del cerebro: cómo se construyen las emociones*, la doctora Barrett explica que las emociones no vienen integradas al nacer, sino que las desarrollamos a lo largo de nuestra vida, y la manera en la que sentimos y mostramos nuestras emociones depende en gran medida de nuestras experiencias únicas. Estas experiencias permiten que el cerebro se convierta en una «máquina de aprendizaje predictivo». Tomamos nuevas experiencias y las comparamos con las pasadas. Las emociones que sentimos en el momento son significados instantáneos que el cerebro da a estas experiencias sensoriales internas y externas. La doctora Barrett explica que «las emociones son el mejor intento de tu cerebro para suponer cómo debes sentirte en un momento dado. Las emociones no están conectadas a tu cerebro como pequeños circuitos, sino que se las mandamos a hacer sobre pedido». Todo esto sucede sin querer, y en gran parte sin nuestro conocimiento. Esto significa que nuestras emociones se crean en el momento, en función de la información sensorial de nuestro cuerpo y nuestro entorno, nuestras metas y recuerdos de nuestras experiencias anteriores.[5]

Si tenemos muchas experiencias negativas al crecer, vivimos en un ambiente que da miedo y no es confiable, o no sabemos qué significan ciertas emociones o sensaciones corporales; es probable que nuestras predicciones nos metan en muchos problemas. Tenemos que aprender a interpretar y a manejar nuestras emociones a medida que envejecemos. Las experiencias de Alissa la han llevado a interpretar sus emociones de cierta manera. Esto también afecta la forma en que se comporta cuando experimenta ciertas emociones y muestra por qué es tan propensa a la negación y a la supresión. Las emociones tienen un gran impacto en nuestro mundo interior y exterior si no sabemos cómo interpretarlas, procesarlas y gestionarlas.

Cómo funcionan las emociones

Sabemos que suceden tres cosas cuando experimentamos una emoción: el cuerpo y el cerebro cambian, nuestros pensamientos cambian y respondemos a la emoción a través de la acción o el comportamiento. Las emociones no son solo pensamientos en la mente; también producen cambios reales en el cuerpo. Cuando tienes una reacción emocional, el cerebro cambia lo que sucede en el cuerpo.[6] Si tienes miedo o si estás enojado, es posible que sientas que tu corazón late más rápido o que tu respiración se acelera. Cuando te sientes triste, pueden brotar lágrimas de tus ojos. Las emociones también pueden hacer que algunos músculos de tu cuerpo se muevan automáticamente o te preparen para el movimiento. Mucho de lo que sucede en tu cuerpo es completamente inconsciente, y es posible que ni siquiera sepas que lo estás haciendo. El cuerpo también puede reaccionar antes que la mente, llevándote a interpretar la emoción en función de lo que sucede en tu cuerpo. Si sientes que tu corazón se acelera, podrías pensar que es entusiasmo o ansiedad. Si sientes que se te revuelve el estómago y se te nubla la cabeza, puedes interpretarlo como miedo o confusión.

Cuando experimentas una emoción, puedes notar que tus pensamientos a menudo cambian para coincidir con esa emoción. Los pensamientos también pueden hacer que las emociones se desarrollen o se intensifiquen.[7] Por ejemplo, si comienzas a notar que tu corazón late más rápido y te cuesta respirar, es posible que comiences a tener pensamientos ansiosos como «No estoy seguro aquí» o «Necesito salir de aquí». Si estás acostado en la cama pensando en algo que te pone ansioso, es lógico que tu cuerpo comience a reaccionar como si estuviera experimentando una amenaza real en ese momento. Esto se debe a que el cerebro no es capaz de diferenciar completamente entre una amenaza real y una imaginaria. Puedes inducir el pánico con tus pensamientos.[8]

Las emociones terminan teniendo el mayor impacto a través de nuestro comportamiento.[9] Nuestras emociones más primitivas, como el miedo, fueron diseñadas para mantenernos vivos y seguros. Si te persigue un oso, tu corazón comienza a latir más rápido, la adrenalina corre por tus venas y te ves impulsado a actuar, a menudo huyendo. Este tipo de reacción emocional es esencial para nuestra supervivencia. Afortunadamente, el mundo ha cambiado enormemente desde que los osos nos perseguían con frecuencia, pero nuestros cerebros no. Esto significa que podemos comportarnos de una forma ya sea exagerada o muy relajada, según el nivel de amenaza. Alguien con ansiedad social puede experimentar la sensación de estar siendo juzgado. Su cuerpo se tensa, siente como si todos lo estuvieran mirando, y comienza a pensar «¡Necesito salir de aquí!». Las sensaciones en su cuerpo, acordes con sus pensamientos ansiosos, lo llevan a salir corriendo de la habitación y a evitar convivir con la gente durante los siguientes meses. ¿Estaba realmente bajo amenaza? ¿Habría muerto de haberse quedado en la habitación? Probablemente no, pero sentía como si lo hubiera hecho, y por eso actuó de esta manera. Esta es la razón por la que es tan importante comprender las emociones y desarrollar las herramientas para lidiar con ellas.

Los riesgos de no etiquetar, experimentar y compartir nuestras emociones

La supresión emocional es una estrategia de regulación emocional que usamos en un intento de hacer que los pensamientos y sentimientos incómodos y abrumadores sean más manejables o desaparezcan por completo. Es una estrategia que muchas personas aprendieron en la infancia y que siguen usando cuando ya son adultos. Con moderación, la supresión emocional en realidad puede ser útil o neutral. Pero cuando la utilizas con demasiada frecuencia, puede llegar a ser perjudicial para tu salud física y emocional.[10]

Puede que intentes suprimir o descartar tus emociones de muchas maneras diferentes. Aquí hay algunas formas comunes en las que reprimimos nuestras emociones:

- Comiendo y bebiendo.
- Consumiendo drogas o alcohol.
- Tratar de distraerte a través de la televisión, el trabajo u otros medios.
- Viajando.
- Socializando y rodeándote de personas constantemente.
- Haciendo ejercicio físico.
- Ayudando a otros.

- Recurriendo a frases positivas o a otro tipo de métodos de autoayuda y mejora personal.

En muchas situaciones, estos son en realidad mecanismos de afrontamiento buenos o neutrales. No necesitas dejar de usarlos por completo, ni etiquetarlos como malos. El problema surge cuando utilizamos constantemente estas habilidades de afrontamiento para evitar, suprimir y negar la existencia de un sentimiento. Esto inevitablemente intensifica la angustia emocional.[11]

Algunas de las formas en que nos adormecemos y distraemos son socialmente más aceptables que otras. Cuando alguien dice: «¡Estoy tan ocupado con el trabajo! No tengo tiempo para mi matrimonio o mis hijos», somos más propensos a perdonar y a racionalizar. Pensamos «¡Está trabajando tan duro! La familia se beneficia de su arduo trabajo. No está mal». Pero cuando alguien adormece o evita las emociones a través del sexo o las drogas, se da rienda suelta a las críticas.

Por lo general, evitar las emociones nos lleva al mismo lugar, sin importar cómo decidamos esquivarlas.

La angustia, la incomodidad y la ansiedad son una parte garantizada de la vida. Con frecuencia la evitación emocional solo es una solución temporal y superficial. Esta evitación refuerza la idea de que experiencias como la incomodidad, la angustia y la ansiedad son malas o peligrosas. Reduce tu capacidad para enfrentar y tolerar el dolor necesario. Suprimir las emociones también requiere mucha energía y, a menudo, te deja sintiéndote exhausto a medida que comienza a tomar más y más esfuerzo ocultar la emoción difícil.

Evitar no es lo mismo que distraerse. Muchas técnicas de distracción han demostrado ser útiles en un momento determinado y permiten un mejor procesamiento emocional. La evitación está desprovista de aceptación. Es una búsqueda de adormecer, eliminar y negar que el sentimiento esté sucediendo. La evitación emocional a menudo no funciona. Cuando te dices a ti mismo que no debes pensar en algo, tienes que pensar en no pensar en ello. Cuando tratas de evitar una emoción, a menudo terminas sintiéndola de todos modos. Y por lo general es diez veces peor.

También, con el paso del tiempo, hay algunas consecuencias físicas y mentales reales de reprimir las emociones,[12] como:

- Más pensamientos sobre el tema que estás tratando de alejar.
- Un mayor riesgo de síntomas de ansiedad y depresión.
- Tensión y dolor muscular.
- Náuseas y problemas digestivos.
- Cambios de apetito.
- Fatiga y problemas para dormir.
- Hipertensión.
- Enfermedades cardiovasculares.
- Sentirse adormecido o con la mente en blanco.
- Nerviosismo, estrés o depresión prolongada, sin que se pueda entender por qué.
- Tendencia a olvidar las cosas.
- Incomodidad o molestia cuando otras personas hablan de sus sentimientos.
- Sentirte angustiado o irritado cuando alguien te pregunta sobre tus sentimientos.

Antes de que comiences a etiquetar, sentir y compartir tus emociones, es importante que investigues qué emociones tiendes a reprimir y cómo las estás conteniendo.

- Primero, identifica una o dos emociones difíciles que tienden a aparecer en tu vida.
- ¿Qué estrategias sueles usar para evitar esta emoción?
- Siempre hay ventajas (pros) en la evitación. Escribe un par de razones por las que la evitación se siente bien o te ayuda. Es importante validar que a menudo hay un efecto positivo a corto plazo que se deriva de la evitación emocional.
- Ahora escribe las desventajas (contras) de esta evitación emocional. ¿Te ha causado algún dolor, sufrimiento u otros problemas en tu vida?

En lugar de reprimir tus emociones, puedes practicar habilidades más apropiadas, como etiquetarlas, sentirlas y compartirlas con otros.

Etiquetar tus emociones

El simple hecho de saber qué emoción estás experimentando y poder ponerle una etiqueta puede transformar tu experiencia emocional y ayudarte a sentirte más cómodo. El psicólogo Matthew Lieberman realizó un estudio utilizando imágenes de resonancia magnética funcional (fMRI, por sus siglas en inglés) para escanear los cerebros de los participantes. Los investigadores encontraron que cuando los participantes etiquetaban las emociones que sentían con palabras, mostraban menos actividad en la amígdala, un área del cerebro asociada con la angustia emocional. Encontraron que verbalizar una emoción y etiquetarla regula el área del cerebro que produce dolor emocional.[13]

Este método también ha demostrado ser eficaz en terapia. He estado haciendo esto en las sesiones con Alissa. Primero, investigamos qué está pasando en su cuerpo. Esto le ayudará a adentrarse en su experiencia emocional y a entender cómo su cuerpo y su mente están interpretando el mundo. Le dedicamos mucho tiempo a esto porque es nuevo para ella. Se siente tranquila en las sesiones, pero advierte que su pecho por lo general se siente tenso en el trabajo, especialmente cuando está cerca de ciertos compañeros. Tú también puedes probar el proceso que usé con Alissa, revisando las siguientes preguntas. Si eres un sobreviviente de un trauma o si alguna vez sufriste de disociación o *flashbacks*, lo mejor es transitar este proceso con el acompañamiento de un profesional de confianza.

1. Tómate un momento para «estar» en tu cuerpo. Puedes recostarte o sentarte como te halles más cómodo. Encuentra una manera de afianzarte a la tierra. Puede ayudar si recargas la espalda contra algo firme, como una pared o una silla, y colocas los pies con firmeza en el suelo.
2. Con los ojos abiertos o cerrados —de nuevo, lo que se sienta más cómodo y seguro para ti—, comienza a escanear tu cuerpo desde la punta de la cabeza hasta las plantas de los pies. Tómate un momento para apreciar todas las sensaciones que surgen en tu cuerpo.
3. Cuando notes un punto en el que haya tensión o una sensación de relajación, no hagas nada. Solo percíbelo. Sin juicios, sin preguntas, sin análisis.
4. ¿Hay alguna parte de tu cuerpo donde la sensación sea más intensa? ¿Puedes ir a ese punto y examinarlo con atención? ¿Qué sensaciones estás experimentando? ¿Disminuyen o aumentan?

5. Ahora tómate un segundo para anclarte en el momento presente. Mira a tu alrededor y ánclate en tu cuerpo. Acabas de completar tu registro corporal.

Este ejercicio te ayudará a examinar tu cuerpo y aprender más sobre cómo se siente experimentar esas sensaciones. Si eres como Alissa y has estado medio adormecido o realmente desconectado, es posible que no sientas nada la primera vez que haces esto. Está bien, sigue practicando.

Después de que practicamos este escaneo o exploración de las sensaciones en su cuerpo, Alissa y yo comenzamos a trabajar en etiquetar las emociones. He aquí algunas de las preguntas que le hice:

1. Si pudieras ponerle un nombre a esta emoción, ¿cuál sería?
2. Si esta sensación en tu cuerpo pudiera hablar, ¿qué te diría?
3. ¿Esto se siente como algo que ya has sentido antes? Si es así, ¿cómo lo llamaste en ese entonces?
4. ¿Cómo describirías este sentimiento?
5. Vamos a probar. Cuando dices «Siento ______», ¿te suena familiar?
6. Cuando eliges una palabra para un sentimiento, di «Siento ______». Evita decir «Yo soy (el sentimiento)».

Hay más de cuatro mil palabras o nombres de sentimientos para describir nuestro estado emocional.[14]

Aquí hay algunas de las palabras más utilizadas:

Feliz
Solitario

Preocupado

Amado

Decepcionado

Ansioso

Aliviado

Desesperado

Dudoso

Contento

Infeliz

Molesto

Divertido

Perdido

Estresado

Cómo sentir tus emociones y sentimientos

En la siguiente sesión con Alissa, repasamos cómo buscar sensaciones en su cuerpo y etiquetar los sentimientos. Dijo que se está volviendo más consciente de sus sensaciones corporales, pero que aún le cuesta etiquetarlas: «Simplemente no entiendo cómo se supone que debo sentir algo. No tiene ningún sentido para mí». Le aseguro que esto es común y que es algo que a mí también me cuesta trabajo. Hoy comenzaremos a aprender cómo sentir emociones de manera efectiva y práctica.

Alissa sabe que sus emociones se están formando de dos maneras principales:

- Su cuerpo está reaccionando por medio de sensaciones físicas. Cuando percibe esas sensaciones (por lo general de manera subconsciente), las interpreta y sus pensamientos crean toda una historia en la mente.

- Está pensando sobre algo o percibiendo estímulos de su entorno. Su cuerpo está reaccionando a estos pensamientos y ayudando a crear, en conjunto, una experiencia emocional.

Este es el ciclo que muchos de nosotros experimentamos. El cuerpo y la mente están trabajando juntos para crear nuestra experiencia emocional personal. Nuestros pensamientos y sensaciones físicas nos ayudan a identificar exactamente lo que estamos sintiendo, y esto determina lo que hacemos con esa información. Si deseas tener más control sobre tus comportamientos, necesitas sentir verdaderamente la emoción y dejar que pase a través de ti. Si reaccionas demasiado rápido, es probable que interpretes mal la emoción o que digas algo que en realidad no quieres decir. Si esperas demasiado, corres el riesgo de reprimir tus emociones o incluso de lastimarte física o emocionalmente. Entonces, después de notar, reconocer y etiquetar, viene el sentimiento.

Cuando hablamos de «sentir» nuestros sentimientos, lo que realmente estamos diciendo es que tienes que permitirte experimentar todo el abanico de la emoción y permitir que suba, que alcance su punto máximo y luego caiga. Tienes que permitir que tu cuerpo complete el ciclo del estrés y decidir cómo te gustaría tratar a este sentimiento o esta emoción. Hay muchas maneras de experimentar a fondo tus sentimientos y tus emociones; la mayoría no son decisiones calculadas e intelectuales. También tienen que ocurrir en el cuerpo.

La próxima vez que notes una emoción en tu cuerpo, trata de hacerte las preguntas que le hice a Alissa. Luego, intenta etiquetar el sentimiento y ponerle un nombre. Ahora viene la parte difícil: no trates de adormecer ese sentimiento ni de huir de él. Por el contrario, vas a experimentarlo. A continuación te muestro una lista de formas de experimentar esa emoción:

- Muévete: ve a caminar, estírate, mueve tu cuerpo de una manera que se sienta bien para ti.
- Respira: las respiraciones lentas y profundas ayudan a regular la respuesta del estrés. Tal vez quieras usar una app en tu teléfono o practicarlo con apoyo de un terapeuta.
- Conéctate: sal y convive con personas para tener interacciones positivas y casuales. Incluso tan solo sonreírle al barista que prepara tu café y decirle «Gracias» ayuda.
- Ríe: esto ayuda a crear y mantener vínculos sociales y a regular las emociones. Puedes reír con tus amigos o ver un video divertido que te ayude a reír.
- Toca: abraza o besa a alguien que te agrade o en quien confíes. También puedes envolver tus brazos alrededor de tu pecho y darte un abrazo a ti mismo. El contacto físico seguro ayuda a regular el sistema nervioso.
- Anota: se ha comprobado que escribir sobre los sentimientos ayuda a gestionar las emociones, procesarlas y tomar mejores decisiones.
- Llora: un método infalible que en verdad funciona y tiene efectos catárticos, tanto física como mentalmente.
- Platica: procesar algo emocionalmente con una persona de confianza o con un profesional puede ser de mucha ayuda y te permitirá usar la habilidad para nombrar lo que sientes. También te puede ayudar a tomar decisiones y a procesar emociones de manera segura.

- Exprésate de manera creativa: el arte, escribir un poema o usar tus manos para crear puede ser extremadamente útil para procesar las emociones.
- Termina una tarea: entrar en un estado de flujo (permitirte fluir sin interrupciones) cuando cocinas, limpias, haces jardinería o trabajas con las manos puede crear una sensación de logro y ayudarte a eliminar algunos pensamientos inquietantes.
- Escucha música: se ha comprobado que la música mejora tu humor y motivación, a la vez que reduce el estrés. Escucha algo inspirador, relajante o que incite una emoción que estás intentando experimentar.
- Duerme: cuando se hace de la manera adecuada, esta puede ser una excelente forma de procesar una emoción. Dormir y luego observar una emoción puede ser una manera muy efectiva de tranquilizarse.
- Solo siéntelo: esta es una habilidad que puede tomar un poco de tiempo, pero es muy útil. Algunas veces el sentimiento no significa nada, y no necesitas actuar. Así que solo siente la emoción un momento, deja que alcance su punto máximo y luego espera a que se desvanezca lentamente. Si puedes hacer esto con frecuencia, será mucho más fácil que tus sentimientos no sigan creciendo hasta agobiarte.

A veces tienes que posponer un sentimiento porque estás en el trabajo o atendiendo a tus hijos. No todo sentimiento puede ser pleno en el instante en que sobreviene, y eso está bien. Lo importante es que tengas presentes los momentos en el transcurso de la semana para atender tus emociones y realmente experimentarlas. Mientras más hagas esto, más fácil será.

Incluso puedes empezar a sentir tus emociones y a procesarlas sin planearlo.

Cómo compartir tus emociones y tus sentimientos

«Sentir» nuestros sentimientos es útil, pero también nos beneficiamos enormemente al compartirlos con los demás. Los humanos somos seres sociales, y relacionarnos por medio de una experiencia emocional nos permite formar vínculos sociales, procesar nuestros sentimientos y, básicamente, sentirnos mejor. Expresar los sentimientos es muy complejo para muchas personas, por múltiples razones. Tal vez nunca te enseñaron cómo sentir una emoción, o cuando la expresaste, te hicieron sentir vergüenza o te ignoraron. No salimos del útero sabiendo cómo sentir, nombrar y expresar las emociones, y hay una amplia variedad de normas culturales y de género que dictan la expresión de los afectos en cada comunidad. Lo que es «normal» para mí puede no serlo para ti, y está bien.

Cuando nos referimos a cómo alguien expresa sus sentimientos, estamos hablando de su afecto. El *afecto* es la expresión externa de la experiencia emocional interna de alguien en específico.[15] Para la mayoría de las personas, hay congruencia entre afecto y circunstancia. Por ejemplo, si te dijeran que tu mascota falleció, la reacción esperada sería el llanto o algún tipo de muestra de dolor. Para un porcentaje de la población, la expresión externa de emoción puede no tener sentido o no ser la misma que para la mayoría de las personas. Su expresión emocional externa también puede ser totalmente incongruente con lo que sienten en el interior.

Nuestra capacidad para expresar y regular nuestras emociones puede cambiar o verse afectada por nuestras experiencias, en especial durante la infancia. Algunas condiciones de salud física, neurológica y mental también pueden impedir las expresiones emocionales o provocar que comunicarlas de una «manera socialmente aceptable» sea aún más difícil. Las personas que tienen algún daño cerebral, como un tumor, demencia o traumatismo craneoencefálico también pueden tener problemas significativos para manejar y expresar emociones, debido al daño estructural en partes fundamentales del cerebro. Los diagnósticos de salud mental como la depresión, la esquizofrenia, el trastorno bipolar, el trastorno esquizoafectivo y el síndrome de estrés postraumático también pueden conducir a sentimientos negativos.[16] Estas personas por lo general no han perdido la capacidad de experimentar emociones; en cambio, han perdido la capacidad de que ocurran de la manera tradicional y esperada. Esto puede deberse a delirios, alucinaciones o patrones de pensamiento defectuosos y, a menudo, puede tratarse con medicamentos o intervenciones conductuales.

Si has tenido problemas con tu expresión emocional, recuerda que necesitas aprender a sentir y a expresar tus emociones y, a veces, no tenemos a los mejores maestros. También hay una amplia variedad de formas de experimentar y expresar las emociones. Solo tienes que encontrar la manera que mejor funcione para ti, y eso puede no ser lo que se considere «normal» en tu cultura o en el lugar donde vives. No tiene nada de malo si te está costando trabajo, y a veces tenemos que enseñarnos a nosotros mismos y a las personas que amamos cómo expresamos nuestras emociones.

La positividad tóxica tiene un gran impacto en nuestra capacidad para relacionarnos emocionalmente. Tenemos miedo de compartir cómo nos sentimos porque creemos que pareceremos «negativos» o «ingratos». La presión de tenerlo todo y de hacerlo todo nos mantiene atrapados en jaulas bellamente decoradas. No tenemos que compartir todo con todos, y claro que puedes mantener cierta privacidad en tu vida. Pero cuando solo compartimos lo bueno y mantenemos oculto todo lo que nos genera conflicto, ten por seguro que surgirá la vergüenza. Si creciste oyendo que debes reservarte tus emociones o que hay que ocultar cualquier aspecto negativo de la vida personal, es posible que hayas aprendido que mostrar tus emociones solo te metería en más problemas, así que mantuviste todo adentro porque eso era más fácil. Aprendiste que la independencia es una virtud y necesitar a la gente es una debilidad. Veo esto en mi oficina todo el tiempo. Conozco a muchas personas que han tenido éxito y reconocimientos, pero que todavía se sienten vacías. Por fuera están prosperando, pero por dentro no saben cómo satisfacer sus necesidades. No saben cómo relacionarse o cómo compartir; ni siquiera saben que tienen permitido hacerlo. Recuerda que tu necesidad de atención y contacto es primordial.[17] No hay medalla o premio por lidiar con todo por tu cuenta. No hay un trofeo al más independiente o al «más fuerte». No eres débil por necesitar a la gente ni por necesitar apoyo. Está bien expresar tus emociones; es lo que te hace humano.

Maneras de compartir tus emociones con otros

No tienes que compartir tus emociones con todos, y hay algunas personas y entornos que no son propicios para un intercambio emocional provechoso. Algunas personas no tienen las habilidades para ayudarte a superar un momento difícil. Quiero que recuerdes que nadie es dueño de tu historia. Tienes derecho a compartir lo mucho o lo poco que decidas. También hay algunas personas que tal vez puedes percibir como más confiables que otras para compartir temas específicos, y otras que, en definitiva, no lo son.

Aquí hay algunas recomendaciones para compartir tus emociones con otros.

Escoge una persona confiable con quien compartir. Características de una persona confiable:

- Puedo compartir mis sentimientos sin temor de que la relación termine o de que haya un castigo.
- Esta persona respeta mis límites.
- Esta persona me anima a crecer, cambiar y superarme.
- Esta persona respeta los límites que establecí respecto a mi cuerpo y al contacto físico.
- Por lo general puedo ser vulnerable con esta persona.
- Esta persona admite cuando se equivoca y está abierta a oír la retroalimentación.
- Esta persona se abstiene de criticarme o de mostrarse despectiva para atacarme o hacerme sentir menos.
- Esta persona me escucha.
- Esta persona tiene la capacidad de comprensión y la experiencia para ayudarme con este problema.
- Me siento a gusto hablando de este tema con esta persona.

También tienes el derecho de construir una relación antes de empezar a compartir algo, y no es obligatorio que compartas con todos, incluso si te lo piden o te presionan. La vulnerabilidad excesiva que te hace sentir expuesto y sin apoyo no es el antídoto contra la positividad tóxica. Lo importante es que compartas en tus propios términos con las personas adecuadas. Si estás apoyando a alguien, también es válido decir: «De verdad quiero apoyarte, pero no me siento capaz de hacerlo en este momento». Puedes crear seguridad y vínculos de otra manera hasta que tu relación se fortalezca.

Elige el momento y el lugar adecuados

Ten en mente tu entorno antes de compartir. Piensa en dónde te encuentras, y si es un espacio seguro para ti y para la persona que recibe la información. Los espacios ruidosos o llenos de gente pueden sentirse inseguros de repente. Evalúa tu entorno y pregúntate con frecuencia si te sientes cómodo con la situación. También está bien si te tomas tu tiempo. No tienes la obligación de terminar una historia o de apresurarte.

Respeta los límites

Recuerda respetar tus propios límites y los de los demás. Nunca sabemos lo que otra persona ha sufrido ni cómo recibirá cierta información.

Evita añadir estas palabras o frases despectivas cuando compartas tus emociones:

- «¡JA, JA, JA!».
- «No es tan importante, pero...».
- «No es nada».
- «No me molesta».
- «Todo está bien, pero...».
- «Tal vez no te importe, pero...».
- «Olvídalo».

Comunica lo que necesita de la otra persona

- «De verdad necesito desahogarme ahora».
- «Necesito un consejo. ¿Puedes ayudarme?».
- «La verdad solo necesito que alguien me escuche. Ha sido una semana difícil».

Sería ideal que la gente siempre supiera lo que queremos, pero por lo general no es así. Trata de ayudarlos con tus expectativas, deja en claro cómo pueden ser útiles y qué necesitas de este intercambio emocional.

Recuerda que la reacción de la otra persona no invalida tu experiencia emocional

Si te ignoran, no prestan atención a tus necesidades o simplemente no las validan, está bien. Esto no significa que hayas hecho algo mal. Es posible que debas elegir a otra persona con la que compartir, o hablar con un terapeuta. No dejes que esto te impida compartir.

La expresión emocional que funciona para ti

El uso de estas herramientas para ayudarte a sentir y expresar tus emociones mejorará tu salud mental. Sin embargo, hay que ser muy cuidadoso y encontrar el equilibrio entre demasiada expresión emocional y muy poca. Sabemos que no expresar las emociones, en especial durante largos periodos, puede provocar disociación, dolor o enfermedad crónicos, incapacidad para comunicarse de manera efectiva, dificultad para establecer relaciones, insomnio y pensamientos obsesivos.[18] Es por eso que es tan importante aprender a identificar tus emociones, darles nombre a tus sentimientos y expresarlos de una manera saludable.

Lamentablemente, demasiada expresión emocional también puede tener un impacto negativo en nuestras vidas. Si siempre estás llorando en el trabajo o publicando sobre cada sentimiento en internet, probablemente habrá algunas consecuencias difíciles. Ya hemos hablado de cómo hay diferentes expectativas dentro de las culturas, los géneros y ciertas situaciones para la expresión emocional. Por ejemplo, es posible que expreses libremente tus emociones en casa con tu pareja, pero debes ser capaz de mantenerlas en secreto durante esa importante reunión de trabajo. No existe una cantidad estándar de expresión emocional que sea aceptable para todas las personas, lugares y situaciones. Lo importante es que encuentres la cantidad adecuada de expresión emocional y los tipos de expresión emocional que te funcionen.

Tómate un momento para pensar en:

- ¿Con qué personas en mi vida puedo compartir mis emociones de manera segura?
- ¿Qué áreas de mi vida requieren que altere o me reserve partes de mi experiencia emocional?
- ¿En qué áreas de mi vida me siento cómodo de compartir por completo mi experiencia emocional?
- ¿Existen normas culturales que pudieran impactar qué tan cómodo me siento al expresar mis emociones? ¿Quiero integrar estas normas en mi vida?
- ¿Existen normas de género que puedan impactar qué tan cómodo me siento al expresar mis emociones?

- ¿Hay algunas personas o lugares que hagan difícil expresar mis emociones?

Puedes usar las respuestas a estas preguntas para ayudarte a decidir cuáles son los lugares y momentos seguros y productivos para compartir y expresar tus emociones. El objetivo de la expresión emocional es sentirnos más comprendidos y apoyados, no sentirnos peor. Esto significa que escoger cuándo, dónde y con quién compartimos nuestras emociones es sumamente importante.

Cuando amas lo que tienes, tienes todo lo que necesitas.

No tienes que amar todas las partes de tu vida, e incluso cuando así sea, es posible que quieras o necesites más. No tienes que conformarte con menos o aceptar que te traten mal por gratitud. Permítete estar agradecido por lo que es realidad hoy, y esperanzado por lo que alberga el futuro.

Capítulo 6

Cómo quejarse de manera efectiva

Quejarse tiene muy mala reputación. Diversos textos y gurús insisten en que quejarse demasiado «afectará tu vibra» y te impedirá alcanzar tus sueños, tener amigos y vivir la vida que quieres.[1] Sugieren que elimines la negatividad de tu vida, y en especial, que elimines a las personas que se quejan.

Quejarse es algo que todos hacemos a pesar de nuestro mejor esfuerzo para dejar este llamado mal hábito. Esto se debe a que es una de las principales formas en que nos vinculamos con los demás y creamos una conexión emocional. Es una manera efectiva de compartir cómo te sientes, conectar y evocar empatía en el oyente.[2] Las quejas son la forma en que le hacemos saber a la gente lo que necesitamos y cómo satisfacer nuestras necesidades. También nos da una idea de lo que es importante y de lo que podría estar molestándonos demasiado.

Sabemos que la supresión emocional excesiva y la eliminación de toda queja de tu vida tendrían un efecto negativo en tu salud y bienestar. Del mismo modo, quejarse demasiado no es bueno para ti y tendrá consecuencias negativas. Se trata de encontrar el equilibrio y quejarse de manera eficaz.

Tómate un momento para pensar en tu relación particular con las quejas:

- ¿Te sientes cómodo compartiendo tus quejas?
- ¿Cómo te sientes después de quejarte?
- ¿Qué mensajes recibiste sobre las quejas mientras crecías?
- ¿Cómo te sientes cuando otros se quejan?

Cada uno de nosotros tiene una relación única con el acto de quejarse, moldeada por nuestra personalidad, género, normas culturales y aquello a lo que estuvimos expuestos.[3] También hay una variedad de temas que se consideran quejas aceptables y otras que a la gente le parecen inapropiadas o molestas. Cada persona tiene su propio umbral para quejarse. Tal vez te hayas dado cuenta de que puedes empatizar o escuchar a alguien hasta cierto punto; pero cuando tuviste suficiente, tuviste suficiente.

¿Qué es quejarse y por qué lo hacemos?

Quejarse por definición es la expresión de insatisfacción o molestia por algo.[4] No es inherentemente algo malo. Siempre vamos a estar insatisfechos y molestos con ciertos aspectos de nuestra vida, y hablar de eso es útil en cierta medida.

A los seres humanos les encanta quejarse. Lo sé porque me pagan por sentarme con las personas mientras se desahogan, se quejan y procesan cada semana. «Tener un lugar para desahogarse» es en realidad una de las razones más comunes por las que la gente pide consulta conmigo. Es una de las razones por las que Sam viene a sentarse en mi sofá cada semana. Creo que la mayoría describiría lo que hace como quejarse; yo lo veo como una lente de sus necesidades y de lo que es importante para él.

Sam habla de su socio de negocios, de su esposa, de su situación financiera y de sus hijos. Aun cuando tiende a exagerar los aspectos negativos en nuestras sesiones, es agradecido, reflexivo, y asume la responsabilidad por sus acciones cuando es necesario. A Sam le encanta compartir y busca validación. El intercambio suele ser catártico para él, pero a veces me pregunto si se está quejando demasiado y si nuestra terapia se está volviendo más una hora de desahogo que un tratamiento centrado en un objetivo específico orientado al cambio. A veces escucho esta voz en el fondo de mi cabeza que dice: «Vamos, Whitney, debes intervenir. Él necesita cambiar. Hazle una recomendación. Interrumpe esta letanía de quejas». De vez en cuando cedo a lo que dice la voz. Y me arrepiento cada vez que lo hago.

Hace poco intervine mientras Sam se lamentaba por la forma en que su esposa acomoda la ropa. Me di cuenta de que estaba desconcertado cuando hice una pausa y le pregunté si esa queja era útil, y traté de redirigir la conversación hacia una manera de establecer límites con su pareja. Sam me miró como si no hubiera terminado de pensar. Tenía la boca abierta y parecía confundido o molesto. No estoy segura. Pero lo que sí sé es que lo interrumpí a la mitad de su proceso; todo lo que él quería que yo hiciera en ese momento era escucharlo. Sam no estaba preparado para mis sugerencias y, francamente, nunca me pidió ningún consejo. En sesiones posteriores, hablamos sobre por qué Sam parece buscar la validación en la terapia, y de dónde no la estaba obteniendo en casa. También hablamos sobre encontrar validación en espacios fuera de la terapia, incluida la autovalidación. Claro que hay cierto valor terapéutico en su desahogo y sus quejas. Tomé nota en mi cuaderno para ignorar la voz en mi cabeza que me pide que intervenga prematuramente, y me aseguré de que siempre se puede encontrar algo productivo en el proceso terapéutico si lo dejo fluir de manera natural.

Todos hemos sido Sam. Dondequiera que mires, alguien se está quejando de las obras de la autopista que aún no han terminado, de su jefe molesto y del tipo que no cede el paso en el tránsito. Incluso nos quejamos del amigo que no deja de quejarse. ¿Nos quejamos demasiado? Tal vez. ¿No nos estamos quejando de manera eficaz? Probablemente. Pero, seamos honestos: quejarse es una antigua forma humana de catarsis y conexión, y nunca va a desaparecer.

¿Quejarse es malo para ti?

Como cualquier cosa, quejarse demasiado puede tener un impacto negativo en tu bienestar mental y físico. Los pensamientos negativos recurrentes a menudo conducen a más pensamientos negativos. Las quejas excesivas también pueden hacer que liberes más cortisol, la hormona del estrés. Se ha demostrado que los niveles elevados de cortisol interfieren con la memoria y el aprendizaje, reducen la función inmunológica y aumentan la presión arterial y el colesterol. La queja y la cavilación en exceso también pueden mantenerte atorado en un problema y dificultar la creación de vínculos sociales. Una de las consecuencias más comunes de quejarse en exceso es un impacto negativo en tus relaciones porque, bueno, puede resultar molesto. Puede que nos encante quejarnos, pero escuchar muchas quejas también puede convertirse en un reto.[5]

La cantidad de quejas que se consideraría excesiva depende de cada individuo, y de factores como el temperamento, la personalidad, las experiencias de vida y la genética. Por ejemplo, el rasgo de personalidad de la complacencia se asocia con menos quejas. Los extrovertidos también son más sensibles a los matices sutiles en los encuentros sociales, lo que significa que pueden reconocer cuando hay una amenaza de desaprobación social por quejarse, y detenerse antes de llegar a ese punto. Incluso cuando están muy insatisfechos, es menos probable que los extrovertidos se quejen para mantener los vínculos sociales y la aprobación social.

La mejor manera de saber si te estás quejando demasiado es ver cómo afecta eso tu vida. Quejarse en exceso, con el tiempo, te hará sentir mal y te mantendrá estancado. No te libera, ni te ayuda a vincularte con otros, ni te hace sentir alivio. En cambio, te deja sintiéndote atrapado. Sabemos que quejarse de más no es bueno para nuestra salud, y suprimir emociones o tratar de ser positivo todo el tiempo tampoco lo es. La cantidad adecuada de quejas te mostrará lo que es importante, cómo crear un cambio en el mundo, te ayudará a recibir retroalimentación importante de los demás y a procesar tus emociones de manera eficaz.

Por qué nos quejamos

La mayoría de mis clientes inician sus quejas con: «Sé que no debería quejarme, pero...». Me apresuro a preguntarles: «¿Dónde aprendiste que no debes quejarte?». Si hay un deseo de compartir sobre una experiencia y su impacto en ti, pero tienes una sensación de vergüenza o culpa por tener esa necesidad, creo que es algo que vale la pena explorar. Quejarse sirve a un propósito real en nuestras vidas, y una

Quejarse sirve a un propósito real en nuestras vidas.

vez que descubrimos cómo integrarlo de manera efectiva, pueden ocurrir grandes cosas.

Por lo general, las quejas se usan con dos propósitos: cambiar el comportamiento de otra persona, y hacernos sentir mejor. Una de las principales razones por las que nos quejamos es la catarsis, para desahogar nuestras frustraciones. Algunas investigaciones han descubierto que, cuando se les pide a las personas que se quejan poco que escriban sobre su insatisfacción respecto de un problema, se sintieron mejor cuando pudieron escribir sobre sus quejas, en comparación con escribir sobre eventos inofensivos del día anterior.[6] Tratar de reprimir las emociones suele llevar a las personas a rumiar o a hacer que el problema sea aún más grande de lo que es, lo que deja en claro lo valioso que puede ser compartir y reconocer las quejas. Este ejercicio también le da un contenedor a los problemas. Te sientas, miras lo que te molesta, lo pones por escrito y luego puedes irte y dejarlo ahí. Con problemas más grandes, es posible que necesites una intervención más fuerte, pero escribir un simple diario o una bitácora tiende a ser realmente efectivo para esas quejas más pequeñas.

No todas las quejas son por insatisfacción. También nos quejamos para influir en la opinión de los demás.[7] Probablemente, tengas un amigo que se queje de la calidad del vino en un restaurante para mostrar cuán superior es su conocimiento sobre vinos. O tal vez habla de lo asquerosas que estaban las habitaciones del hotel en unas vacaciones recientes. ¡Eran tan malas que jamás volverá a hospedarse allí! Esta es una manera clásica de usar las quejas para crear una impresión de superioridad o para hacernos sentir mejor con nosotros mismos. Al quejarnos de algo «malo», estamos demostrando autoridad, establecemos nuestro estatus y nos alineamos con lo que es «bueno». Este tipo de queja se utiliza para identificarse como cierto tipo de persona y para crear pertenencia dentro de un grupo. Mantén el oído atento a esto en tus conversaciones. Apuesto a que lo notarás a menudo.

También utilizamos las quejas como punto de partida para discutir los acontecimientos positivos.[8] Yo lo hago todo el tiempo, y me doy cuenta de que muchos de mis clientes también lo hacen. Mientras escribo este libro, me encuentro quejándome de ciertas situaciones del trabajo como una forma de ilustrar algún punto en el libro. Es común que las personas se quejen de sucesos positivos como bodas o embarazos, hablando sobre el estrés o los síntomas negativos. Tiene sentido: en realidad queremos compartir nuestras impresiones sobre eventos tan importantes y, a menudo, sentimos que compartir parecerá presumido o arrogante. Al decir: «Dios, esta boda ha costado muchísimo dinero. ¡No puedo creer el precio de la comida!» nos estamos dando la oportunidad de discutir algo que es importante para nosotros y de crear vínculos sociales en torno al tema.

Usamos las quejas como una forma de obtener información de otros y de evaluar sus opiniones sobre ciertos temas. Si te quejas de tu jefe con tus compañeros de trabajo, es posible que desees sondear cómo se sienten con respecto al jefe e identificar si tienes aliados o enemigos en la oficina. Compartes una queja como una manera de formar alianzas y de averiguar quién está de tu lado. Esto también te permite examinar qué tipos de opiniones y quejas puedes expresar en el futuro que serán validadas, apoyadas y compartidas por el equipo. Este tipo de quejas puede ayudarnos a construir relaciones sociales y a sentirnos vistos, escuchados y aceptados por las personas que comparten nuestras quejas.[9]

Nuestro deseo de simpatía y atención es otra de las principales razones por las que nos quejamos.[10] Piensa en las cosas de las que te quejas. ¿Qué buscas cuando las expresas? Apuesto a que muchas veces esperas una validación como: «Sí, eso es molesto», o tal vez requieras ayuda física real de alguien. Quejarse alerta a los demás sobre que necesitamos ayuda y les permite saber cómo pueden apoyarnos. Es nuestra forma de decir: «¡Oye! ¡Mírame! De verdad necesito un poco de ayuda». Le ayuda a las personas a reconocer que estamos sufriendo e ilustra con qué estamos teniendo dificultades. Si nunca te quejaras o compartieras lo que te molesta, sería imposible que la gente supiera que necesitas ayuda. Creo que este tipo de queja es de las más importantes porque es la forma en que accedemos al apoyo social dentro de nuestras comunidades, y también la forma en que podemos acceder a la empatía de los demás.

Quizás una de las razones más importantes por las que nos quejamos es para responsabilizar a las personas por su comportamiento.[11] A pequeña escala, puedes hacerlo cuando un restaurante no toma bien tu orden, o, a mayor escala, cuando pedimos cuentas al gobierno por sus promesas incumplidas. Si queremos que algo cambie, tenemos que hacer saber nuestras quejas. Esta forma de compartir a menudo suele tacharse de «negatividad». Tenemos que recordar que la mayoría de los principales movimientos de justicia social de la historia comenzaron con una queja. Alguien se dio cuenta de que algo no estaba bien, lo señaló y tuvo el valor de hablar de esa injusticia. Este tipo de quejas son las que más resistencia provocan, porque nos obligan a mirarnos a nosotros mismos, a admitir cuando estamos equivocados y a emprender una labor realmente difícil y necesaria. Necesitamos con gran urgencia este tipo de quejas si queremos que haya un cambio real en el mundo.

Quejarse nos ayuda a sentirnos mejor; influye en cómo nos ven los demás; crea vínculos sociales; nos permite reunir información, fomenta la empatía y ayuda a crear un cambio real. Desempeña un papel muy importante en nuestras vidas y es una habilidad que, cuando se usa de la manera correcta, puede ser sumamente eficaz.

Por qué nos molestan las quejas

Quejarse puede provocar emociones bastante complicadas, porque nos obliga a enfrentarnos a problemas reales del mundo y, a menudo, nos hace sentir impotentes. Es posible que queramos silenciar a la persona que habla sobre un tema de justicia social que es importante para ella porque nos fastidia y nos obliga a reconocer nuestros propios privilegios. Preferimos saltarnos esa charla sobre la salud de nuestro amigo porque nos hace enfrentarnos a nuestra propia mortalidad o a nuestra incapacidad para ayudar. No queremos tomarnos el tiempo para escuchar a alguien cuando comparte lo que le molesta porque estamos hasta el cuello con nuestros propios problemas. Escuchar a otra persona quejándose suele ser una de las maneras más fáciles de sentirse incómodo, especialmente si no entendemos por qué la persona se queja o qué espera de nosotros.

Hay tipos específicos de quejas que tienden a ser más molestos que otros. Uno de los más molestos es lo que el psiquiatra Eric Berne llama el «quejoso que rechaza ayuda». Suele compartir un problema y luego recibe una sugerencia sobre cómo resolverlo. El quejoso dice entonces: «Sí, pero...», y continúa rechazando cualquiera de las soluciones que se le proponen.[12] He trabajado con muchos clientes que están atrapados en este patrón. Al principio de mi carrera, seguía buscando la intervención adecuada que fuera aceptada por el cliente. La cuestión aquí es que el objetivo de este quejoso no es la solución de los problemas de los que se queja. En realidad, puede que solo busque simpatía y atención, aunque la otra persona claramente se queda con la impresión de que está buscando ayuda. Así que siguen ofreciendo más propuestas de solución, hasta que uno o ambos se frustran y se dan por vencidos.

Todos hemos hecho esto, ¿verdad? Es importante confirmar que la persona que se queja realmente está buscando un consejo antes de ofrecérselo. Es mucho más probable que esté buscando apoyo, comprensión o validación. Ofrecer sugerencias en el momento equivocado puede hacer que la persona bien intencionada se sienta molesta, no apreciada e impotente, mientras que el quejoso se sentirá incomprendido y rechazado. El ciclo no termina bien y, sin una comunicación adecuada, seguirá repitiéndose, lo que generará aún más frustración e intolerancia ante futuras quejas.

También se ha demostrado que quejarse es contagioso. Escuchar los problemas de alguien puede hacer que el oyente sienta que también necesita desahogarse, por lo que comenta el suceso con otra persona y, posteriormente, se queja de las quejas.[13] También puede llevar a la rumiación del oyente si está absorbiendo todas estas quejas. Si yo no tuviera mi propia terapia y mis canales sociales para desahogarme, escuchar a los clientes todo el día podría llevarme a necesitar un desahogo emocional. Guardarlo todo y evitar compartirlo haría más probable que experimentara agotamiento y tuviera problemas para escuchar y empatizar en futuras sesiones.

Quejarse también tiende a provocar el fenómeno de «soy mejor/más que tú», en el que alguien trata de eclipsar tu queja con la suya.[14] Es como cuando te quejas de que te duele la espalda y tu amigo dice: «¡Oh, eso no es nada! ¡A mí me duele muchísimo el pie! Apenas puedo caminar». Como es lógico, este patrón hace que ambas personas se sientan incomprendidas y no escuchadas.

A veces puede ser útil compartir tu propia experiencia para normalizar o validar a alguien, pero debemos tener mucho cuidado de no participar en las olimpiadas de las quejas.

Hablar de las cosas que nos molestan es difícil. A veces resulta dolorosamente negativo y abrumador. Pero también hay mucha sanación en esos momentos en los que tenemos el espacio para escuchar y empatizar. Me pregunto qué pasaría si no tratáramos de huir de estas conversaciones, sino que intentáramos profundizar en el porqué de ellas, y tratar a las personas con compasión y comprensión.

¿Vale la pena quejarse?

Cada vez que Sam viene a terapia y se desahoga o se queja, siempre es sobre las cosas realmente importantes de su vida: su familia, su trabajo y su salud. Rara vez se queja del tránsito o del clima. Siempre sé que, cuando se queja de algo, probablemente sea importante y tenga algún significado. También podemos encontrar significado en las cosas más pequeñas, pero algunos temas están especialmente cargados. Una vez que profundizamos en la queja, por lo general podemos generar mucha comprensión y diálogo sobre el problema emocional que se esconde debajo de ella. Esto es poderoso porque les da a las quejas un propósito. Son una ventana al mundo de alguien, que revelan lo que le preocupa, lo que espera y lo que considera importante. Puedo usar lo que la mayoría vería como meras quejas para orientar el tratamiento, descubrir qué valora la persona y aprovechar sus obstáculos y dificultades.

Quejarse puede darnos una visión amplia de nuestra psique.

Quejarse puede darnos una visión amplia de nuestra psique y vale mucho la pena prestarle atención y explorarla a profundidad.

Desde luego, la eficacia de las quejas tiene sus límites. Puede ser útil ir a terapia cada semana y utilizar tus quejas como vehículo para el cambio y la comprensión, pero cuando las quejas se vuelven constantes o circulares son mucho menos útiles. Es posible que te encuentres quejándote constantemente de pequeños momentos del día en los que sientes molestia o incomodidad. Es importante reconocer si estas quejas realmente te ayudan o hacen que te atores.

Me gusta dividir las quejas en categorías: quejas de «alto nivel» y de «bajo nivel». Las quejas de alto nivel son las que tienen un gran impacto. Las de bajo nivel suelen ser molestias o frustraciones cotidianas. Tú decides qué es de alto nivel y qué es de bajo nivel para ti.

Las «quejas de bajo nivel» son cuando te quejas de cosas como:

- El clima.
- El tránsito.
- Tu molesto compañero de la oficina.
- La comida fría en un restaurante.
- El dolor de un pie.
- Cuando alguien se metió en la fila de la caja en el supermercado.

Luego tenemos las quejas más grandes: las que realmente importan. Hay que poner atención a las quejas de alto nivel. Estos son los tipos de admisiones que realmente significan algo y por lo general son una buena oportunidad para crear conexión.

Las «quejas de alto nivel» son cuando te quejas de cosas como:

- Muertes y pérdidas.
- Infertilidad.
- Racismo, sexismo, homofobia, discapacidad, discriminación por tamaño o clasismo.
- Enfermedades y discapacidades.
- Problemas graves de pareja, rupturas o divorcios.
- Distanciamiento o peleas familiares.
- Problemas profesionales o pérdida del empleo.
- Secuelas de un evento traumático.
- Problemas en la crianza de los hijos.
- Experiencias de embarazo y posparto.
- Problemas de salud mental.

Cuando hablamos de estos temas, lo hacemos en serio. Estamos hablando de las cosas que nos importan y que tienen un gran impacto en nuestra vida. Cuando compartas estos temas con alguien o sientas ganas de desahogarte, escucha esa necesidad. Es probable que necesites algún tipo de escape emocional, conexión o posiblemente un cambio importante en tu vida. Hay cosas de las que realmente vale la pena quejarse.

Cómo saber cuándo estás atrapado en un círculo de quejas

A veces nos quedamos atrapados en un círculo vicioso de quejas y cuesta mucho trabajo romperlo. Por lo general, se siente como si estuvieras dando vueltas sin poder salir. Esto suele suceder cuando no hay una solución disponible, no nos sentimos escuchados o apoyados, o nos cuesta aceptar nuestra realidad. Quedarse atrapado en un ciclo de quejas no ayuda y no es eficaz.

Estas son algunas señales de que estás atrapado en un círculo vicioso de quejas:

- Sigues hablando sobre lo mismo una y otra vez, y no hay ningún cambio en tu diálogo o tus quejas.
- Te sientes atrapado.
- Tus comentarios sobre la situación son del tipo «Todo o nada» (por ejemplo: «No hay otro trabajo que yo pueda hacer. Estaré atrapado para siempre en este lugar que me aplasta el alma, y en el que mi jefe me grita todos los días»).
- La gente se molesta, ya no quiere escucharte o te dicen que has estado quejándote de lo mismo.
- El hecho de quejarte no te brinda ningún alivio o conexión con los demás.
- Las quejas se han vuelto más recurrentes, e incluso parecen un poco obsesivas, como si estuvieran reproduciéndose una y otra vez.

Si notas que sucede alguna de estas cosas cuando te quejas, hay algunas herramientas que puedes usar.

Primero, intenta buscar el punto intermedio de la situación. Las espirales de quejas generalmente se sienten muy en blanco y negro, e incluyen palabras como *siempre*, *nunca*, *no puedo*, *no lo haré*, etc. Cuando percibas que estás usando este lenguaje, busca alguna vía de escape. ¿Hay alguna esperanza o posibilidad aquí? ¿Hay alguna posibilidad de que no lo sepas con toda certeza? Tal vez haya cabida para la flexibilidad en tu forma de pensar o en la situación actual.

Usar la letra *y* también puede ser una forma eficaz de maniobrar para salir de un círculo de quejas. Supongamos que te quejas de que tu mamá nunca te escucha. Esto puede parecerte muy cierto, y tal vez tu mamá de verdad «nunca escucha». Usar la *y* puede ayudarte a sentirte con más poder. Así que podrías decir algo como: «Mi mamá nunca me escucha *y* mi pareja sí», o: «Mi mamá nunca me escucha *y* tengo amigos que sí lo hacen». Permitirte validar la queja muy real sobre tu madre y que duele cuando tu madre no escucha, y luego agregar una declaración de apoyo hace que la situación sea mucho más flexible y menos sombría. Te permite hacer espacio para lo bueno, lo malo y lo que hay entre esos dos extremos.

Algunas veces nuestras quejas son bastante reales y verdaderas. Si estás enfrentando la muerte de un ser querido o una nueva discapacidad, no hay mucho gris allí. Es doloroso, es cierto y es real. Tal vez podrías encontrar algo de bondad o de flexibilidad en la situación, pero a menudo aún no estamos listos para ver eso. La positividad tóxica nos diría que solo debemos mirar el lado positivo y encontrar aquello por lo que estamos agradecidos. No vamos a hacer eso porque sabemos que no funciona. En cambio, vas a poner en práctica algo llamado *aceptación radical*.

La aceptación radical es una habilidad de tolerancia al sufrimiento, que desarrolló la doctora Marsha Linehan, fundadora de la terapia dialéctico conductual. La aceptación radical reconoce que el dolor es una parte inevitable de la vida y que luchar contra este sufrimiento generalmente conduce a más sufrimiento.[15] Creo que la aceptación radical es el antídoto contra la positividad tóxica. Cuando practicamos esta habilidad, no estamos de acuerdo, apoyando o diciendo que nos gusta la realidad actual. En cambio, estamos aceptando que no podemos cambiar los hechos o la situación actual, aunque no nos guste o no estemos de acuerdo con ella. Esto es algo que practico con casi todos mis clientes. Y también lo hago en mi propia vida.

Según la doctora Linehan, hay diez pasos para practicar la aceptación radical, que te permitirán salir de un estado de sufrimiento y entrar en un estado de aceptación.[16]

1. Observa que estás cuestionando o peleando contra la realidad. («Esto no es justo»).
2. Recuerda que la realidad, por muy desagradable que sea, es como es y no puede cambiarse. («Esto es lo que pasó»).
3. Ten en mente que hay causas para esta realidad. («Esta es la manera en la que sucedieron las cosas»).
4. Practica la aceptación con todo tu ser (mente, cuerpo y espíritu). Utiliza el diálogo interno para la aceptación, técnicas de relajación, concientización y/o imaginación.
5. Haz una lista de los comportamientos que pondrías en práctica si aceptaras los hechos, y luego intenta llevarlos a cabo, como si ya hubieras aceptado los hechos.
6. Imagina que crees lo que no quieres aceptar, y ensaya en tu mente lo que harías si aceptaras lo que parece inaceptable.
7. Atiende tus sensaciones corporales mientras piensas en lo que necesitas aceptar.
8. Permite que emerjan en tu interior la decepción, la tristeza o la congoja.
9. Reconoce que vale la pena vivir la vida, incluso cuando haya dolor.
10. Haz una lista de pros y contras, si es que te resistes a practicar la aceptación.

Todos nos quedamos atrapados en un círculo de quejas de vez en cuando porque, bueno, la vida no es justa, y la realidad suele ser difícil de aceptar. Los altibajos de la vida nos van a desafiar durante toda la eternidad. Sé que suena oscuro, pero es verdad. Cuando esperamos que la vida sea justa o culpamos de una crisis a nuestra incapacidad para pensar positivamente o manifestar otro resultado, se crea una dolorosa separación entre nuestra realidad y nuestro estado mental. La brecha entre lo que es y lo que esperamos que sea, es casi demasiado dolorosa para soportarla. Si sientes que la realidad es demasiado difícil de aceptar o de reconocer, trata de ser compasivo contigo mismo y usa estas habilidades. Busca el punto medio de la situación, agrega ese *y* a tu queja, y practica la aceptación radical. Con la práctica, saldrás del círculo.

Cómo quejarse de manera efectiva

La cantidad adecuada de quejas y su efectividad te ayudarán a mantenerte fuera de ese ciclo interminable de quejas. La doctora Robin Kowalski, una destacada investigadora del comportamiento de la queja, descubrió que quienes se quejan con la esperanza de lograr cierto resultado tienden a ser más felices. Quejarse es más eficaz[17] cuando el quejoso:

- Utiliza los hechos y la lógica.
- Conoce su resultado ideal.
- Entiende quién tiene la habilidad para hacerlo realidad.

Si eres capaz de identificar estas tres cosas, es mucho más probable que tus quejas te parezcan útiles y efectivas, además de conducir a un mejor resultado.

OCHO TIPS PARA QUEJARSE DE MANERA EFECTIVA

1. Descifra la queja. ¿Qué es lo que te está molestando en realidad?
2. Identifica el objetivo:
   a. ¿Estás intentando hacer que alguien se percate de un problema?
   b. ¿Quieres provocar un cambio?
   c. ¿Quieres que te escuchen?
   d. ¿Quieres que te validen?
   e. ¿Quieres un consejo?
3. Elige a la audiencia adecuada. ¿Quién puede ayudarte con esto? ¿Hay alguien que pueda entenderlo, o que haya tenido experiencias similares? No te quejes siempre con las mismas personas. Escoge a alguien que de verdad te valide o te ayude con tu objetivo.
4. Decide si vale la pena. Piensa sobre los problemas que realmente son importantes para ti y enfócate en quejarte con moderación.
   a. ¿Qué pasará si te quejas de esto?
   b. ¿Qué pasará si no te quejas de esto?
5. Valida que tal vez quieras quejarte porque estás buscando una conexión. ¿Hay algo más que puedas compartir para conectar, en lugar de una queja?
6. Escríbelo. Esto es particularmente útil si sientes que es difícil manejar tus quejas. Las investigaciones demuestran que escribir nos ayuda a enfocarnos y a organizar experiencias, además de llevarnos a un entendimiento más profundo de lo que ocurrió y de cómo afrontarlo.

7. Habla de tu problema de la forma más directa que te sea posible.
8. Recuerda que hay desigualdades reales en el mundo. Puede que la gente te llame «negativo» o «quejumbroso» por hacerlas evidentes. Hay personas a las que les va peor. Sigue hablando sobre el problema y enfócate en tu objetivo.

El objetivo no es eliminar las quejas de tu vida, sino hacerlas más eficaces y adaptables. Cuando nos quejamos de manera efectiva, podemos conseguir la cercanía, el apoyo y el cambio que todos anhelamos. A medida que pongas en práctica estos ocho consejos para quejarte, te parecerán más familiares y fáciles de usar. Incluso puedes notar que te mueves a través de ellos de forma natural y sin mucho esfuerzo. Probablemente también descubras que tus quejas se vuelven mucho más específicas y orientadas a objetivos, en lugar de circulares y frustrantes.

Reflexión

Tómate un momento para reflexionar sobre la función que el acto de quejarse desempeña en tu vida, y cómo procesas tus emociones normalmente. Contesta las siguientes preguntas de manera honesta y abierta.

- ¿Sueles quejarte seguido? ¿Por lo general de qué te quejas? ¿Son quejas de alto nivel o de bajo nivel?
- ¿Qué función cumplen las quejas en tu vida? ¿Te hacen sentir mejor o peor? ¿Sientes que te conectan o que te aíslan?
- Cuando te quejas, ¿hay algo más sucediendo debajo de la superficie?

Todo pasa por alguna razón.

No todo pasa por alguna razón que tenga sentido. Algunas situaciones no tienen un lado bueno. Cuando estés listo, elige cómo quieres integrar lo que sucedió y lo que significa para ti.

Capítulo 7

Cómo apoyar a alguien

Apoyar a las personas que nos importan de hecho es bastante simple. Desafortunadamente, a menudo nos preocupamos de hacerlo «bien», atrapados en nuestras propias emociones y experiencias, o sencillamente no nos enseñaron cómo hacerlo, de modo que nos sale mal o ni siquiera lo intentamos. Este capítulo te ayudará a comprender cómo administrar tu impacto e intención, descifrar qué tipo de apoyo podría ser más útil para alguien, entender cómo es el apoyo real y cómo escuchar, validar y mostrar apoyo. No siempre lo harás bien o perfecto (eres humano), pero estarás equipado con las herramientas que necesitas para guiar, ayudando a las personas que más te importan y a ti mismo.

Tu intención importa. Tu impacto importa más

A veces tratamos de ayudar y en verdad nos equivocamos, monumentalmente. Nuestras intenciones se malinterpretan por completo o la otra persona no quiere recibir nuestra ayuda. Esto puede suceder porque la forma en que ayudamos fue grosera o invasiva, no escuchamos lo que la otra persona realmente necesitaba, o la otra persona simplemente no estaba lista o dispuesta a aceptar nuestra ayuda, incluso si se la ofrecimos de una manera amable y cortés. Esto me sucedió en una sesión con Sam cuando traté de interrumpir sus quejas. Fui amable y compasiva. Quería ayudar, pero a él no le pareció adecuada la forma en que lo estaba ayudando y sintió que no era lo que necesitaba. Esto puede ser muy frustrante cuando percibimos nuestras propias acciones como amables, generosas o útiles. Pero si tu intención no coincidió con tu impacto, debemos investigar por qué.

Saber qué decir y cuándo decirlo se ha convertido en un verdadero desafío. Sé que hay demasiadas reglas, y parece que siempre están cambiando. Si navegas en las redes sociales, encontrarás infinidad de publicaciones que parecen declarar qué es «correcto» y qué es definitivamente «incorrecto». Este libro podría incluso incrementar la sensación de que no puedes hacer o decir lo más indicado, y eso tiene sentido. Quiero que sepas que no hay una respuesta perfecta. Todos van a tener sus propias preferencias y sensibilidades, incluyéndote a ti. Odio que me abracen o me toquen cuando estoy llorando, y puede que a ti te agrade. Es por eso que tenemos que confiar menos en los guiones preestablecidos cuando se trata de ayudar a los demás, y más en nuestra curiosidad compasiva.

Voy a arriesgarme y a asumir que, si compraste este libro, tienes buenas intenciones. Es evidente que deseas aprender a ser más útil y solidario. La noción de que las intenciones importan menos que el impacto puede resultarte difícil; lo sé, porque para mí lo fue. Si alguna vez te han dicho que lastimaste a alguien a pesar de tus buenas intenciones, es posible que hayas respondido poniéndote a la defensiva. Tal vez dijiste algo como:

- «Solo estaba intentando ayudar».
- «No quería lastimarte».
- «Lo estás sacando de contexto».
- «Solo trataba de ser amable. ¿No te das cuenta?».
- «Supongo que no quieres mi ayuda, entonces».
- «Lo tomaste mal».

¿Te suena familiar?

Si te percibes como una persona amable, servicial y comprensiva, puede ser realmente difícil que te digan lo contrario. Podría sacudir por completo tu autopercepción y hacerte cuestionar tu identidad. Como terapeuta, estoy capacitada para escuchar con compasión y ayudar a las personas. Todavía me equivoco. Así que detengámonos aquí un momento y respiremos profundamente. Intenta admitir que a veces te equivocarás. No siempre sabrás cuál es la mejor manera de ayudar o de apoyar a alguien, y eso está bien. Habrá que seguir intentándolo, haciendo preguntas y escuchando. Tratar de abstenerse de ponerse a la defensiva y, en cambio, tratar de entender.

Una vez que aceptas que eres un ser humano, que no eres perfecto ni es justo que te autoimpongas esa expectativa, las cosas se vuelven mucho más fáciles.

Cuando hablamos de intención contra impacto, es importante tener en cuenta que estas no son fuerzas iguales que puedan separarse por completo. La intención no solo se tira por la borda; es importante y la investigación sostiene esto. En un estudio reciente, a los participantes se les administraron descargas eléctricas iguales.

Aquellos que pensaron que las descargas fueron administradas intencionalmente experimentaron mucho más dolor que aquellos que pensaron que las descargas fueron administradas por accidente.[1] Las personas también están más motivadas para culpar o castigar a alguien cuando el acto dañino se considera intencional. Melanie Tannenbaum, escritora en *Scientific American*, señala con astucia cómo esto se ha entretejido en nuestro propio sistema legal. Se castigan con mayor dureza los actos que causan más dolor o sufrimiento y se tiene en cuenta la intencionalidad. Por ejemplo, el homicidio involuntario consiste en un asesinato no intencionado de otra persona. Estos casos se tratan como delitos mucho menos graves que el asesinato. El homicidio en primer grado es el asesinato ilegal de otra persona con el conocimiento y la intención o el deseo de actuar con malicia. Estos dos crímenes conllevan sentencias mínimas diferentes, y la intencionalidad es un tema muy debatido en los procedimientos legales, aun cuando el impacto es el mismo.[2]

El impacto y la intención están vinculados dentro de nuestro cerebro, y es imposible separarlos por completo. Los estudios muestran que es más probable que perdonemos un crimen cuando el razonamiento detrás de él se siente justo. Por ejemplo, es más probable que se castigue a alguien que se pasa un alto porque está tratando de ocultar drogas, que a una madre que ignora el alto para llegar a casa y atender a su hijo enfermo. El comportamiento es el mismo, ambos se pasaron un alto, pero la forma en que se ve el acto es completamente diferente. La investigación no argumenta que los daños intencionales sean más dañinos que los no intencionales; de hecho, el resultado siempre es exactamente el mismo. Pero sí demuestra cómo el impacto y la intención no pueden separarse y, en cambio, deben considerarse desde el mismo enfoque para ayudarnos a participar en un conflicto significativo y desarrollar una comprensión más profunda de lo que necesitamos y queremos.

Cómo hacerte responsable de tu parte

Digamos que alguien te compartió que lo lastimaste. A pesar de que tenías las mejores intenciones, no fuiste asertivo y dijiste algo malo. Sé que eres una buena persona y tal vez no lo decías en serio, pero olvidemos todo eso por ahora. Si esta es una relación que deseas mejorar, estás comprometido a resolver este conflicto y te interesa llegar a un punto medio, así que vas a evaluar y a priorizar las necesidades de la situación en el orden de urgencia en este momento. Esta persona está herida y debemos atender eso primero, luego podemos pasar a la parte de las explicaciones y la comprensión. Si se trata de una relación abusiva o de alguien con quien no estás interesado en encontrar puntos en común, está bien. Estás en tu derecho de poner un límite y alejarte. No es necesario que sigas estos pasos para cada situación; usa tu propio criterio.

Empecemos el proceso de triaje emocional. Si acabas de lastimar a alguien, aunque tus intenciones eran buenas, esto es lo que debes intentar.

- Trágate tu orgullo un momento. Sé que es difícil; tal vez pienses que la otra persona está actuando de manera irracional, o de verdad no ves las cosas de la misma forma. Está bien, puedes validar su perspectiva sin estar de acuerdo con esa persona.
- Valida su perspectiva. De nuevo, no tienes que estar de acuerdo. Solo tienes que validar cómo eso podría ser cierto

para esa persona. Algunas opciones que podrías poner en tus propias palabras:

- «Te estoy escuchando y quiero entender más».
- «Es válido que te sientas ______».
- «Aprecio que hayas compartido esto conmigo».

■ Procura entender. Cuando la otra persona esté lista (siempre pregunta), podría ser útil tratar de llegar a un entendimiento más profundo de lo que pasó en esta situación. Intenta averiguar:

- Cómo la impactaste.
- Por qué esto llevó a ese resultado.
- Cómo podrían ser diferentes las cosas la próxima vez.

■ Rectifica. El tipo de reparación y su alcance dependerá en gran medida de la profundidad de la herida y de lo que transcurrió. Para esto puedes:

- Reconocer sus sentimientos y lo que ocurrió.
- Disculparte y responsabilizarte de tus actos.
- Conversa y acuerda la manera de reparar y prevenir que esto pase de nuevo.

■ Comparte tu perspectiva. Una vez que la otra persona haya tenido oportunidad de ser escuchada y comprendida, puede que quiera escuchar tu versión de lo sucedido. Tu opinión puede incluir tus intenciones y por qué hiciste lo que hiciste. En algunas situaciones no es adecuado compartir esto, y en otras puede ser muy útil. Trata de evitar ponerte a la defensiva o decir alguna de las afirmaciones de la página 197.

Tal vez necesites tomar descansos entre cada uno de estos pasos, o bien, regresar a un paso más de una vez. Eso está bien. Lo más importante es que estés abierto a escuchar, aprender y descubrir cómo puedes mejorar. Y recuerda, estos pasos solo funcionan con alguien que esté dispuesto a participar en la dinámica. Si estás tratando con una persona abusiva o con alguien que no tiene interés en ayudarte a comprender, todo tu arduo trabajo no será bien recibido.

Cómo compartir sin herir sus sentimientos

Otra situación en la que a menudo tenemos intenciones maravillosas, pero tendemos a equivocarnos, es cuando compartimos nuestros sentimientos, preocupaciones o sugerencias con alguien. Compartir cómo nos sentimos (especialmente cuando es algo muy personal o sensible) puede ser complicado. A veces ayuda a enmendar una relación y nos acerca unos a otros; otras veces la otra persona no recibe bien nuestro mensaje y resulta en una separación.

Este es otro obstáculo de comunicación que no siempre resolverás a la perfección, pero hay algunas formas de disminuir el riesgo. Aquí hay algunos consejos para ayudarte a compartir cómo te sientes sin lastimar a la otra persona:

- Intenta centrarte en tu propia experiencia y sentimientos. Evita usar oraciones con «Tú» y cámbialas por «Yo siento que...».
- Usa un tono calmado. Evita gritar.
- Abstente de usar insultos o términos ofensivos.
- Elige tus palabras con cuidado. Planear lo que te gustaría decir con anticipación puede ser de gran utilidad.
- Describe de manera específica cómo te sientes, y explica qué crees que te haya llevado a ese sentimiento. Contar

una historia o dar ejemplos pueden ayudarle a la otra persona a comprender.

- Piensa en cuál es tu meta para esta conversación. ¿Qué quieres que la otra persona sepa o que entienda? ¿Qué te gustaría que fuera diferente?
- Escucha lo que tiene que decir. Si la otra persona está siendo respetuosa y está dispuesta a tener una conversación, puede ayudar si la escuchas.
- Ten en mente que puedes planear y decir todo de manera correcta, y aun así puede que no lo reciban o entiendan bien. Controla solo lo que esté en tus manos.

De nuevo, recuerda que hay situaciones en las que dirás todo bien y seguirás todas las recomendaciones al pie de la letra, y aun así no saldrá como lo esperabas. Trabaja en controlar tu lado de la narrativa. No podemos controlar cómo nos percibe otra persona, pero podemos hacer todo lo posible para compartir, de acuerdo con nuestros propios valores. Si compartiste algo y fue hiriente, o si la otra persona lo malinterpretó, puedes volver a reflexionar sobre esta lista y ver cómo te fue. También está bien preguntarle cómo puedes entregar este mensaje de manera más efectiva la próxima vez.

Los ingredientes esenciales

Apoyarnos a nosotros mismos y a los demás en realidad no se trata de decir las palabras «correctas» o «perfectas». La manera en la que fluyan las palabras dependerá de a quién le estás hablando, el tema y el entorno. Pero puedes esforzarte por incluir estos cuatro ingredientes en tu comunicación:

- Curiosidad
- Comprensión
- Validación
- Empatía

La curiosidad significa que siempre estamos aprendiendo sobre las personas que nos rodean y sobre nosotros mismos. Estamos aprendiendo sobre lo que nos hace sentir seguros y apoyados, cómo nos gusta que nos ayuden y qué necesitamos en momentos de crisis y conflicto. Debido a que estas no son cualidades fijas, lo que necesitamos y deseamos siempre estará evolucionando a lo largo de nuestras vidas. La curiosidad consiste en hacer preguntas, estar abierto al cambio y saber que nunca terminaremos de conocernos a nosotros mismos y a los demás. La curiosidad abre la puerta a la comprensión, la validación y la empatía. Puedes mostrar curiosidad al:

- Hacer preguntas abiertas como «¿Puedes decirme más sobre ______?» o «Estoy escuchando si quieres contarme lo que pasó hoy».
- Usar escucha activa que incluya señales no verbales como asentir, mantener contacto visual y prestar atención a la conversación sin distracciones.

La comprensión es lo que sucede después de que hemos usado la curiosidad. ¿Alguna vez entenderemos por completo lo que necesitamos o lo que otras personas esperan de nosotros? Probablemente no. Pero podemos seguir buscando comprensión y conocimiento. Entender no es lo mismo que estar de acuerdo. Puedo entender por qué te podrías sentir de esa manera, y aun así no experimentar ese sentimiento ni estar de acuerdo con él. Comprender es simplemente usar tu curiosidad para generar un panorama y darte una idea para dar paso al porqué, el cómo y el qué.

- No asumir que sabes cómo se siente alguien solo porque viven situaciones similares.
- Hacer preguntas para asegurarte de que entiendes cómo se siente la otra persona, por ejemplo «Parece que ____ fue la parte más difícil para ti, ¿no?».
- Dejar a alguien seguir compartiendo hasta que ambos sientan que se alcanzó un acuerdo, y no acelerar el proceso.

Cuando comprendemos algo, podemos validarlo. Al igual que la comprensión, la validación no es lo mismo que la aprobación. Simplemente significa que puedes ver cómo algo es posible y reconocerlo en ti mismo o en alguien más. Esto puede ser un desafío al principio, pero es absolutamente posible. Sé que es posible, porque es lo que hago todos los días para ganarme la vida.

Puedes sentarte con alguien, validar su experiencia y no estar completamente de acuerdo. Cuando comencé mi formación para convertirme en terapeuta, aprendí sobre algo llamado consideración positiva incondicional. Significa que el terapeuta tiene y muestra una aceptación general del cliente al dejar de lado sus propias opiniones y sesgos personales. Validar implica hacer espacio para escuchar y comprender cómo tú o alguien más se siente en su experiencia única. Implica permitirte comprender que tu experiencia y la de la otra persona pueden ser verdaderas al mismo tiempo. No siempre estoy de acuerdo con lo que dicen mis clientes. Tal vez las elecciones que hacen no son las que yo haría en mi propia vida. Eso está bien. Puedo enfocarme en ellos, alentarlos a compartir y validar su experiencia. Puedo verlos como seres humanos únicos con experiencias individuales. La validación suena como:

- «Tiene sentido que te sientas así».
- «Entiendo por qué reaccionaste así».
- «Es entendible que hayas tenido ese sentimiento, en especial en esta situación».

Después de haber usado la curiosidad, desarrollado una comprensión y validado su punto de vista, llega la empatía. La empatía es hacer lugar para los sentimientos, comprenderlos y permitir que estos existan. Todo tiene sentido en contexto. Cuando aprendemos por qué una persona es como es, podemos desarrollar empatía y comprensión. También podemos ver las cosas desde otra perspectiva y adoptar otro enfoque de la situación que sea más compasivo y menos sentencioso. Estás demostrando empatía cuando haces preguntas, intentas comprender y validas a alguien. También puedes probar:

- Escuchar y eliminar distracciones.
- Compartir algún momento en el que te sentiste de la misma manera para normalizar su reacción.
- Abstenerte de hacer sugerencias y permitir que los sentimientos fluyan.
- Agradecerle por compartir eso contigo.
- Seguir en contacto y comunicándote con esa persona.

Mientras te apoyas a ti o a alguien más, trata de concentrarte menos en decir lo correcto y más en estos ingredientes. Pregúntate:

- ¿Cómo puedo conocer mejor esta situación?
- ¿Hay algo que no entienda sobre cómo se siente o lo que está viviendo?
- ¿Cómo puedo ayudar a que sienta comprensión y apoyo?
- ¿Qué acciones o palabras podrían mostrar un poco de empatía en esta situación?

Si comienzas la conversación con curiosidad y buscas comprender, la validación y la empatía fluirán de manera natural.

Cómo ser una persona de apoyo eficaz

Si estás leyendo este libro, probablemente disfrutes ser útil para los demás. Tal vez te identifiques como una persona empática o a la que le gusta ayudar. También puede que sientas una sensación de logro u orgullo cuando ayudas a los demás. A veces, cuando tratamos de ayudar, nos enfocamos demasiado en sentir que somos un «buen» ayudante, en lugar de ser un ayudante eficaz. Existe una diferencia entre los dos.

Aquí es donde la intención y el impacto vuelven a entrar en escena. Debes asegurarte de que tu intención sea buena y de que tu impacto también sea acorde con lo que la otra persona necesita. Si no sabemos lo que alguien necesita o ni siquiera nos molestamos en preguntar, a menudo estamos ayudando porque nos hace sentir bien y no porque realmente queramos remediar un problema.

Entonces, ¿qué hace que una persona de apoyo sea eficaz? Aquí hay algunos ingredientes clave:

- Buenas habilidades de escucha.
- La habilidad de preguntar e identificar lo que la otra persona necesita.
- Límites firmes.

¿Cuántas veces te ha pasado que alguien te interrumpe a la mitad de una oración y pregunta con emoción «Dios mío, ¿pero has probado ____?». Sé que me ha pasado un millón de veces. Estamos tan entusiasmados por ayudar o arreglar algo, que no nos damos tiempo para profundizar en lo que la persona cree que quiere o necesita. Si quieres ser una persona de apoyo eficaz, debes desarrollar una excelente habilidad de escucha. Esto implica preguntar y escuchar sobre:

- Qué está enfrentando la persona.
- A qué recursos tiene acceso.
- Qué es lo que ya ha intentado.
- Lo que está pidiendo en ese momento (pista: puede que no sea una solución, sino una escucha atenta y un poco de compasión).

Mientras más capacidad tengas para escuchar y comprender las necesidades de otra persona, más probable será que puedas ayudarla de la manera que sea más útil para ella.

Los límites firmes también son esenciales para quienes ayudan. Hubo un tiempo en el que genuinamente pensé que era mi responsabilidad resolver los problemas de todos. Si le sucedía algo difícil a un miembro de la familia, yo también tenía que cargarlo a cuestas. Tenía que arreglarlo. Al comienzo de mi carrera, tuve problemas para dejar el dolor de mis clientes en la oficina. Tenía que afectarme en igual medida o, de lo contrario, significaba que era «insensible» y que «no me importaba». Las cosas que leía y veía en las noticias se me quedaban grabadas durante semanas. Me sentía culpable por disfrutar mi vida cuando las cosas en el mundo estaban «mal». Me costaba trabajo disfrutar de la vida. Todo era en blanco y negro. Bueno o malo. Juzgué a las personas que al parecer podían olvidarse de lo que estaba pasando y a menudo me preguntaba: «¿Cómo es que no les importa?». Era completamente insostenible, y sabía que algo tenía que cambiar.

He aprendido que en realidad no tienes que ayudar a todos, además de que sería imposible hacerlo. Quizá tengas que establecer límites con las personas cuando no tienes la energía, los recursos o las habilidades para ayudarlos, y eso está bien. De hecho, es una medida saludable y ética. Cuando somos honestos con las personas que necesitan de nuestra asistencia, pueden seguir buscando a otras personas y recursos que están disponibles con mayor facilidad para ayudarlos. Algunas situaciones pueden requerir la ayuda de un profesional o de alguien con más experiencia en esta área. Dirigir a alguien hacia otros recursos o decir que no puedes ayudar no significa que no te importe o que los estés abandonando. Significa que estás haciendo todo lo posible para proporcionarles los recursos adecuados, al mismo tiempo que te permites establecer límites y cuidar de ti mismo.

Aquí hay algunas maneras de decirle a alguien que en este momento no tienes la energía, los recursos o la capacidad para ayudarlo:

- «Lamento muchísimo que esto esté sucediendo. Tuve un día difícil y creo que no estoy en las mejores condiciones para apoyarte ahora. ¿Te puedo marcar mañana?».
- «No creo que sea la mejor persona para ayudarte con esto. ¿Has pensado en hablar con ____?».
- «Es muy difícil para mí hablar de este tema».
- «De verdad quiero apoyarte, pero me siento exhausta en este momento. ¿Puedo avisarte cuando tenga un espacio para hablar de esto?».
- Espera a responder hasta que te sientas listo. Nota: Si alguien tiene tendencias suicidas o está pensando en hacerse daño y sientes que no puedes ayudar, es importante que lo dirijas hacia los recursos adecuados. Esto podría incluir llamar a un servicio telefónico de asistencia o prevención del suicidio; llamar a un amigo, terapeuta o familiar de confianza para que le ayude; o llamar a los servicios de emergencia.
- «¿Alguna vez has tenido uno de esos días cuando estás abrumado y necesitas tiempo para ti? Eso me pasó hoy. Creo que si intento aconsejarte o escucharte ahora, no lo haré muy bien. ¿Puedo checar cómo estás a las (inserta una hora) ______?».
- «Quiero estar ahí para ti y para apoyarte. No creo que tenga la capacidad mental para hacerlo en este momento y sé que lo podré hacer mejor después de dormir un poco. ¿Crees que podamos hablar de esto en (inserta un tiempo) ______?».
- «De verdad quiero apoyarte, pero necesito concentrarme en este (proyecto/cualquier cosa) en este momento. ¿Podemos hablar después?».

- «No me siento cómodo hablando de este tema contigo. ¿Hay alguien más con quien puedas compartir esto?».

Por supuesto, hay ciertas situaciones en las que deberías ayudar, incluso cuando no tienes la energía mental, en especial si eres padre/madre o cuidador de alguien que depende de ti. Las formas en que puedes establecer límites dependerán en gran medida de tu relación con la persona, de los recursos a los que tiene acceso y de la situación en sí. Trata de concentrarte en qué límites puedes establecer y qué áreas están bajo tu control. Incluso habiendo fijado límites, es posible que aún experimentes emociones fuertes cuando algo le sucede a alguien que amas. Pero los límites evitarán que te involucres o sufras más de lo necesario. Te ayudarán a concentrarte en ayudar a la otra persona y a escuchar sus necesidades de manera eficaz.

Recuerda, el objetivo es hacer espacio para el dolor, no llevarlo a cuestas. Cuando haces espacio, te sientas con la persona, empatizas, reconoces, preguntas dónde puedes ser útil y validas su punto de vista. Asumir su dolor se sentirá pesado y agobiante. Tampoco les ayudará ni a ellos ni a ti.

Puedes hacerte estas preguntas cada vez que estés pensando en ayudar o arreglar algo por la otra persona:

- ¿Están cruzando mis límites cuando trato de ayudar?
- ¿Me siento exhausto emocional o físicamente después de ayudar?
- ¿Mi apoyo está funcionando?
- ¿Qué me motiva a ayudar de esta forma?
- ¿Estoy acumulando resentimiento por mi papel en esta situación?

- ¿Me siento como si tuviera que probar mi valía ayudando a los demás?
- ¿Soy la persona adecuada para ofrecer ayuda en esta situación?
- ¿Le he preguntado a la otra persona cómo le gustaría que la apoyara?
- ¿La ayuda que estoy ofreciendo ha provocado que pierda otras cosas que me importan?
- ¿Siento que mi ayuda es inútil o poco apreciada?

Ser una persona de apoyo eficaz en realidad se reduce a escuchar, buscar comprensión, validación, empatía y límites firmes con uno mismo y con los demás. Está bien si no siempre dices lo correcto; no eres una tarjeta de felicitación preelaborada. Eres humano. Quítate esa presión de ser siempre perfecto y decir o hacer lo correcto. Utiliza esos ingredientes esenciales y te sorprenderás de cómo los más pequeños gestos y frases te ayudan a ti y a los que te rodean.

Ser humano es ser negativo

Apoyar a otras personas y escuchar sus quejas puede ser un verdadero desafío. Cuando no somos capaces de arreglar algo o un tema es abrumador, podemos sentir la tentación de eliminar a esa persona de nuestras vidas o simplemente tacharla como alguien «negativa». Pero los humanos somos inherentemente negativos por naturaleza, y eso nos ayuda a mantenernos con vida.

Nuestra tendencia a prestar más atención a las cosas negativas y pasar por alto las positivas no es un mero accidente: es producto de la evolución, y es necesario para la supervivencia. La función principal del cerebro humano es estar alerta del peligro y mantenernos con vida, no hacernos felices. Esta es la razón por la cual el pensamiento positivo constante en realidad puede ser tan tóxico como peligroso. Sin un poco de negatividad, todos estaríamos realmente perdidos.

En tiempos ancestrales, prestar atención a las partes malas y peligrosas de la existencia humana era literalmente una cuestión de vida o muerte. Las personas que podían sentir el peligro y reaccionar rápidamente tenían muchas más probabilidades de sobrevivir. El mundo ha cambiado mucho desde entonces, pero nuestros cerebros se han mantenido prácticamente iguales. Esta es la razón por la que podemos ver amenazas en lugares donde realmente no existen o tener reacciones desproporcionadas a ciertos eventos. Tu cerebro no puede distinguir entre una amenaza real y una amenaza percibida.[3] Lo sé, es confuso. Pero cuanto más puedas comprender el pensamiento negativo y su propósito, mejor podrás identificar cuándo esa forma primitiva de pensar se está activando para ti y para los demás.

Los humanos también son propensos a algo llamado sesgo de negatividad. Esto significa que los impactos negativos tienen un efecto mucho mayor en nuestro cerebro que los positivos. En un estudio realizado por el psicólogo John Cacioppo, a varias personas se les mostraron fotografías de imágenes positivas, negativas o neutras. Las imágenes negativas produjeron una respuesta mucho más fuerte en la corteza cerebral que las imágenes positivas o neutras, lo que significa que era mucho más probable que las personas recordaran los estímulos negativos. También existe un mayor procesamiento neuronal en el cerebro cuando se nos presentan estímulos negativos, peligrosos o amenazantes.[4] Los humanos tienden a:

- Recordar experiencias traumáticas más que las positivas.
- Recordar más los insultos que los cumplidos o elogios.
- Reaccionar de manera más intensa a estímulos negativos.
- Pensar mucho más en cosas negativas que en cosas positivas.
- Responder más a eventos negativos que a los positivos.
- Aprender más de resultados o situaciones negativas.
- Tomar decisiones con base en información negativa, más que con información positiva.
- Reflexionar más en las cosas a las que quizá tengamos que renunciar para conseguir una meta, que en lo que podríamos ganar.
- Concentrarse más en la información negativa sobre alguien que acabamos de conocer.
- Almacenar recuerdos negativos en la memoria a largo plazo con más frecuencia que los positivos.

Con la insistencia de nuestro cerebro en enfocarse en lo negativo, ¡no es de extrañar que sea tan difícil ser positivo todo el tiempo! Tenemos que aceptar que nuestros cerebros solo están tratando de mantenernos vivos y seguros. Entonces podemos encontrar nuevas formas de operar en el mundo moderno que no nos hagan ver fallas o amenazas en lugares donde ni siquiera existen.

No, no puedes eliminar toda la negatividad de tu vida

Hay miles de artículos en línea que nos motivan a «eliminar la negatividad» de nuestras vidas, y a mí me parece bastante entretenido. Cuando escucho esto, pienso «¿Qué significa eso?». ¿No vas a hablar con nadie que sea negativo o que se queje? ¿Qué temas están prohibidos? Con todo lo que acabas de aprender sobre el cerebro, creo que podemos estar de acuerdo en que eliminar toda la negatividad de tu vida no solo es imposible, sino peligroso.

Cuando las personas dicen que quieren eliminar la negatividad, me doy cuenta de que en realidad quieren decir que simplemente no quieren tener complicaciones ni cruzarse con nada que les haga sentir mal o incómodas. Esta declaración generalmente se usa como una razón para no trabajar en ti mismo, para eliminar a las personas de tu vida o para ignorar problemas descaradamente obvios en el mundo. Es extremadamente peligroso para nuestras relaciones, y podría resultar en la terminación de relaciones con personas que no son abusivas o tóxicas, sino que simplemente están pasando por un momento difícil.

Si eliminas de tu vida a todos los que muestren algún indicio de negatividad, nunca formarás los estrechos vínculos que se desarrollan a lo largo del sufrimiento y de las dificultades. Dicho esto, por supuesto que deberías evaluar las relaciones, y posiblemente terminarlas, con las personas que no te tratan bien, son abusivas o no valoran su relación contigo. Pero eso no es negatividad. La negatividad puede manifestarse como depresión, un evento difícil que cambie tu vida, como perder a un padre o ser despedido, pasar por una transición o enfrentar un problema de salud. No siempre es tóxico o abusivo. Por lo general, es solo la vida, y la vida a veces se vuelve difícil.

Cuando estés pensando en «eliminar toda la negatividad de tu vida», quizá deberías preguntarte:

- ¿Por qué me cuesta trabajo establecer límites en esta situación?

- ¿Hay algo que se sienta amenazante sobre este tema o persona?
- ¿Este tema o persona está provocando algún sentimiento en mí?
- ¿Qué creo que mejorará en mi vida si elimino esta negatividad?
- ¿Hay algo que pueda aprender de esto antes de eliminarlo de mi vida?
- ¿Estoy estableciendo un límite, o estoy huyendo de un asunto importante?
- ¿Por qué quiero vivir una vida sin negatividad?
- Si estuviera teniendo un problema como este, ¿cómo sería que esta persona me eliminara de su vida?

Esto no significa que solo tenemos que aceptar que vamos a ser negativos todo el tiempo. Significa que podemos trabajar con lo que tenemos a la mano y tratar de ser más flexibles mental y emocionalmente. También podemos ayudarnos a nosotros mismos para sentirnos más seguros de las siguientes maneras:

- Presta especial atención a las cosas buenas. Ya sabemos que notar lo bueno es mucho más difícil que notar lo malo. Asegúrate de absorberlo a profundidad, concéntrate en cómo se siente, incluso escríbelo. Ponerlo en papel puede ayudarte a integrar el recuerdo y a ponerle atención, y en un futuro podrás recordarlo con claridad.
- Ten cuidado con lo que te dices. El diálogo interno a menudo es lo que perpetúa gran parte de nuestro pensamiento negativo. Nos decimos cosas como «Nunca lo lograré»

o «Todos me odian». Cuando sea que tengas pensamientos así, intenta prestarles atención y cuestionarlos.

- Replantea la situación. Algunos llaman a esto poner a prueba tus pensamientos. Finge que eres un abogado e investiga tus propios pensamientos. ¿Serían admisibles e incuestionables ante los ojos de una corte? Encuentra las lagunas y las áreas grises. ¿Hay alguna manera de entender lo que está sucediendo?

Pero no soporto a las personas «negativas»

Sé que demasiada negatividad puede empezar a desgastarte. Es entendible que alguien quiera rodearse de cosas felices, bonitas y positivas. Pero a veces el mundo es un lugar extremadamente complicado, y hay cosas a nuestro alrededor que piden nuestra atención y exigen que sintamos algo. Si ignoramos estas llamadas, el mundo no cambiará nunca y nuestras relaciones apenas rozarán la superficie. Esto no significa que tengamos que rodearnos de negatividad y responder a todas las llamadas de auxilio. Es válido establecer límites. Y me gustaría replantear cómo vemos a las «personas negativas» en nuestro mundo.

En realidad, no creo en las personas negativas. Creo que hay personas que:

- Se sienten inseguras.
- Están pasando por un momento difícil.
- Han sido lastimadas.
- No han aprendido que también pueden experimentar emociones «buenas».

Este tipo de personas suelen tener más pensamientos negativos y confían en ellos para afrontar la situación. Pero no son «personas negativas» que nunca pueden cambiar y que deban ser eliminadas de nuestras vidas. De nuevo, ser negativo y ser abusivo o hiriente son dos cosas completamente diferentes. No tratar con personas negativas o apartarlas de tu vida no es lo mismo que establecer un límite con alguien que te ha hecho daño o que sigue haciéndolo. Estás en tu derecho de establecer límites con esas personas, y es importante que lo hagas. A lo que me refiero es a nuestra clasificación de las personas como negativas cuando:

- Hablan de sentimientos complejos.
- Abordan inequidades y problemas reales de nuestro mundo.
- Reclaman cuando los lastimamos de alguna forma.
- Nos provocan sentimientos difíciles.

La negatividad se ha convertido en una palabra comodín para las cosas que no nos gustan o que no queremos enfrentar. Llamamos a alguien «negativo» para silenciarlo o para eximirnos de responsabilidad. ¿A veces la negatividad es molesta? Sí. Pero también nos obliga a reconocer lo que es importante, a reparar nuestras relaciones y a generar cambios. Sin ella, estaríamos totalmente perdidos. Puede que queramos silenciar a la persona que habla de un tema de justicia social que es importante para ella porque nos fastidia y nos confronta con nuestros privilegios. Puede que queramos saltarnos esa charla sobre la salud de nuestro amigo porque nos hace enfrentarnos a nuestra propia mortalidad. Preferimos no oír hablar del desempleo de nuestro amigo porque nos lleva a sentirnos impotentes e ineficaces. Hay muchas razones por las que la negatividad y las quejas pueden molestarte. La mayoría de ellas tienen todo que ver contigo y nada que ver con la otra persona. Porque, hay que admitirlo, todos somos un poco negativos a veces.

Si te sientes empujado a etiquetar a alguien como negativo, puede ser útil que te hagas algunas de estas preguntas. Te ayudarán a descifrar si esa persona está siendo realmente negativa o si se trata de algo más que necesita tu atención.

- ¿Está provocando alguna emoción difícil en mí?
- ¿Me recuerda a alguien más que conozco?
- ¿Me está forzando a fijarme en los problemas de los que se queja o discute?
- ¿No me gusta lo que está señalando de mí?
- ¿Me hace sentir vulnerable cuando comparte lo que piensa?
- ¿Esta persona me está lastimando o solo es molesta? (Hay una diferencia).
- ¿Se le considera abuso a esta conducta y necesito fijar un límite con esta persona?
- ¿Está luchando con algo que provoca que sus pensamientos sean más negativos?

Los resentimientos son normales, y todos los tenemos. Sabemos que necesitamos estos sentimientos y pensamientos para vivir. Si no tuvieras ansiedad, probablemente estarías muerto. Si no experimentaras tristeza, no sabrías lo que es importante para ti. Si no te quejaras, nada se arreglaría.

A veces me pregunto: ¿Y si las personas negativas solo necesitan más empatía y más comprensión? ¿Y si esa es la clave para ayudarles a ser más optimistas? ¿Y si cada vez que apartamos a alguien de nuestra vida por ser demasiado negativo, perdemos la oportunidad de aprender algo sobre nosotros mismos?

Hablar de cosas reales es difícil. A veces se siente muy negativo. Pero también se encuentra sanación, progreso y comprensión en esos momentos. Me pregunto qué pasaría si no tratáramos de huir de estas conversaciones, sino que intentáramos profundizar en el porqué de las mismas. Tenemos que reconocer los problemas si queremos que se solucionen. Cuando damos a las personas espacio y validación, es mucho más probable que se sientan mejor y, a su vez, se vuelvan más positivas. No podemos recurrir a un cliché o a una fórmula positiva para hacer desaparecer un problema; seguirá estando ahí. Incluso es probable que empeore. A veces somos hirientes con los demás y necesitamos revisar nuestro comportamiento. La negatividad y la queja nos dan acceso a toda esta información y abren la puerta al cambio.

Cómo tratar con personas que se quejan de todo

La positividad y la felicidad continuas suelen depender de la capacidad de desprenderse y distanciarse de cualquier cosa que amenace ese sentimiento. Si puedes evitar todo lo malo del mundo apagando la televisión, censurando tus conversaciones, manteniéndote alejado de ciertas personas y simplemente viviendo tu vida, eres uno de los pocos afortunados. Está bien sentirse agradecido por ello y ser consciente de que no siempre es la norma.

Todos tenemos derecho a alejarnos de las cosas para recargar las energías y descansar: es necesario. No puedes ni debes consumir noticias o contenidos angustiantes todo el día, todos los días. Como terapeuta, a veces mis días son realmente difíciles por las historias que escucho. Tengo que encontrar un espacio para alejarme y poder volver a todo eso al día siguiente. Si siguiera pensando y sumergiéndome en todo eso las 24 horas del día, me agotaría y sería totalmente incompetente.

¿Pero qué pasa con la gente que lo está viviendo? ¿Qué pasa con quienes no pueden simplemente desconectarse o mirar hacia otro lado?

No es nuestra responsabilidad cargar con eso por ellos, pero tener más empatía y una comprensión más profunda de su mundo puede influir en cómo clasificamos su comportamiento y cambiar la forma en que los vemos. Cuando insinuamos que los demás solo necesitan tener una mejor actitud o tener pensamientos más felices, vale la pena preguntarnos:

- ¿Qué tanto de sus vidas no pueden eludir o ignorar?
- ¿Qué soy capaz de ignorar que puede ser una realidad cotidiana para alguien más?
- ¿Cómo puedo protegerme y al mismo tiempo tener empatía por los demás?
- Si tuviera que enfrentar este tipo de problemas a diario, ¿cómo impactaría en mi forma de pensar?

Afrontar las dificultades no es necesariamente «ser negativo». Hay una gran diferencia entre alguien que habla de su dolor y alguien que se queja de la comida en cada restaurante. Es importante distinguir entre los dos.

¿Recuerdas a Sam, del capítulo 6? A Sam le encantaba venir a terapia para quejarse. Buscaba contacto y validación, y sabía que el espacio terapéutico se lo ofrecería. Cuando cambié el guion y empecé a darle consejos, me interpuse totalmente en el proceso de Sam. No era lo que él necesitaba o quería en ese momento. Las quejas pueden resultar molestas cuando son repetitivas o cuando no sabemos cómo responder a ellas. Ya hemos hablado en este libro de cómo las quejas pueden hacernos sentir indefensos y obligar al oyente a pensar que tiene que «arreglarnos». Si hay alguien en tu vida que parece quejarse a menudo, hay muchas formas de responder a las quejas mientras las expresa. Algunas son mejores que otras. Te guiaré por algunas de las peores y mejores formas de responder a una queja.

Antes de responder, puede ser útil que revises algunas de estas preguntas para reflexionar.

- ¿Hay alguna manera de apoyar a esta persona?
- ¿Puedo brindarle la validación que necesita?
- ¿Comparto las mismas inquietudes y preocupaciones?
- ¿Hay algo de validez en lo que esta persona está compartiendo conmigo? ¿Soy la persona que debería decidir o saber lo que es válido en esta situación?
- ¿Yo sentiría dolor, confusión u otra emoción difícil en esta situación?
- Si estuviera en su lugar: ¿cómo me gustaría que alguien más me respondiera?
- ¿Solo necesita tiempo para procesar lo que pasó, o es un tema recurrente?
- ¿Esta persona de verdad se queja o está herida, en duelo, etcétera?
- Este problema ¿es algo que afecta a mucha gente; es decir, es un problema común o sistémico?

Las respuestas a estas preguntas te ayudarán a decidir cómo debes responder. Las siguientes opciones son las formas más comunes en que las personas reaccionan a las quejas.[5]

Acuerdo o desacuerdo

Dependiendo de la queja, puedes responder con acuerdo o desacuerdo. Estar de acuerdo no siempre es la mejor manera de responder, y el desacuerdo no siempre significa que estás siendo frío o distante. Tampoco tienes que estar de acuerdo con lo que alguien dice para validarlo. De modo que, si me estoy quejando de la sensación de frío en la habitación y tú tienes calor, puedes decir «Oh, con razón tienes frío. ¡Tienes puesta una camiseta sin mangas!». No necesariamente estás de acuerdo, solo estás validando mi experiencia y mi verdad. También puedes estar en total desacuerdo. Mucha gente asume que, si va a validar una queja, tiene que estar de acuerdo con ella. En esa misma situación, podrías decir «Qué raro, estamos a 27 grados. ¿Por qué crees que tienes frío? ¿Será que te estás enfermando?». Ya sea que estés de acuerdo o en desacuerdo, intenta siempre validar la realidad de la otra persona. Este truco puede ser realmente efectivo.

Justificación o negación

Las personas también pueden responder a las quejas con justificación o negación. Estas son algunas respuestas típicas a las quejas de relaciones, y simplemente crean una mayor división. Supongamos que te quejas de que tu pareja nunca lava los platos. Podría responder con una justificación como «¡Nunca me lo pides, y estoy muy ocupado!». O puede ser que simplemente niegue tu queja diciendo: «Eso no es verdad. Hago muchas cosas por ti». La justificación y la negación rara vez funcionan como respuesta a una queja, porque ponen a la otra persona a la defensiva. Por lo general, termina en una discusión en la que ambos se quejan en lugar de escucharse mutuamente. Si estuviera en tu lugar, evitaría esta respuesta tanto como pudiera.

Simpatía y resolución de problemas

La simpatía y la resolución de problemas son respuestas muy comunes a las quejas. Creo que la simpatía o la empatía funcionan muy bien. De hecho, puedes terminar muchas quejas con una respuesta rápida y empática como «Eso tiene sentido» o «Lo entiendo». La resolución de problemas se vuelve complicada porque si alguien no la quiere, no la recibirá bien. Asegúrate de que la otra persona realmente quiera tus consejos o propuestas de soluciones antes de ofrecerlos; créeme, te ahorrará problemas.

Contraqueja

Otra forma en que respondemos a las quejas es con contraquejas. Esto es cuando una persona se queja y tú respondes con otra queja. Ella podría decir «Me duelen mucho los pies» y tú responderle con «Oh, Dios mío. A mí también. Necesito quitarme estos zapatos». Este tipo de contraquejas suele ser muy efectivo cuando se hace bien. Es mejor para quejas menores, donde sabes que su queja está a la par con la de la otra persona. No es bueno cuando alguien está experimentando emociones preocupantes o angustiosas porque puede resultar en un caso de «yo padezco más que tú», o una comparación de quejas. Los reservaría para problemas menores y evitaría comparar pérdidas importantes, traumas u otros tipos de angustia. A menudo puede hacer que la otra persona sienta que te estás comparando con ella, o que realmente no entiendes.

Mantente neutral o ignora la queja

La última forma en que puedes responder es permanecer neutral o simplemente ignorar la queja por completo. Sí, así es: no tienes que responder a todas las quejas. A veces la gente se queja porque quiere experimentar esa catarsis de la que hablábamos. Ellos en realidad no esperan nada concreto de nosotros. Cuando alguien se queja, está bien si solo continuamos la conversación. Esto puede ser muy útil cuando alguien tiene quejas de bajo nivel, como el tránsito de camino al restaurante. Podrías responder a esto diciendo: «Me alegra verte, ya te extrañaba».

¿Qué pasa si de verdad necesito expulsar a esta persona de mi vida?

Habrá personas en tu vida a las que tendrás que eliminar por diversas razones. Tal vez su negatividad está constantemente dirigida hacia ti o hacia tu vida, o si es una persona abusiva, quiere que falles o nunca hace espacio para tus sentimientos, sin importar cuánta compasión o entendimiento le muestres. Hay relaciones que no son seguras y no puedes comunicarte de la manera que he descrito en este capítulo. Una vez más, no tienes que asociarte o empatizar con personas que constantemente te lastiman o abusan de ti. Confía en ti mismo para identificar esas relaciones y hacer esa distinción cuando sea necesario.

También recuerda que siempre puedes decirle a alguien que no tienes el espacio o la capacidad para ayudar. A veces esa es la respuesta más compasiva y empática. Es posible que estés ocupado con tus propios problemas, que no tengas el tiempo o los recursos, o simplemente no seas la mejor persona para ayudar. Está bien identificar cuándo el estado de ánimo o la presencia de alguien no es útil para ti en este momento. Los límites son tu mejor aliado en esta situación, y hay muchas maneras de decirle a alguien que no tienes el espacio para ayudarlo en ese momento en particular.

Todos somos un poco negativos

Admitamos que todos nos quejamos. Algunos de nosotros podríamos quejarnos menos y otros necesitamos trabajar para usar más nuestro músculo de las quejas. Pero quejarse no es algo que vaya a desaparecer o que debamos abolir permanentemente. Tiene un propósito real en nuestras vidas. Nos vincula, nos dice qué es importante y nos ayuda a procesar nuestros sentimientos. A veces solo necesitamos quejarnos, y eso está bien.

Es importante recordar que:

- Es normal que las cosas te molesten. A veces, el mundo puede ser un lugar abrumador e intimidante.
- Hablar de las cosas que son importantes para ti no es «negatividad».
- Algunas personas no estarán disponibles para apoyarte cuando necesites un oído atento. Esto no significa que estés abrumándolas, o que deberías dejar de compartir con ellas. Encuentra a tu gente.

Reflexión

- ¿Qué cualidades busco en una persona de apoyo? ¿Qué es lo que me hace sentir apoyado?
- ¿Qué tipos de apoyo o ayuda puedo ofrecer mejor?
- ¿Qué tipos de apoyo o ayuda tienden a agotarme más?
- ¿Por lo general soy quien da más o quien da menos en mis relaciones? ¿Qué podría estar contribuyendo a esta dinámica?

La vida nunca te dará más de lo que puedes soportar.

Es posible que la vida nos dé más de lo que podemos soportar, y eso está bien. Las cosas malas no pasan porque alguien sea lo «suficientemente fuerte». Ya lo resolverás, y hay que admitir que la vida no es justa. Algunos desafíos son demasiado grandes para una sola persona. Pide ayuda, y recuerda que no tienes que ser fuerte todo el tiempo.

Capítulo 8

Discriminación con una sonrisa

La positividad tóxica y la búsqueda de la felicidad han sido la fuerza motriz en la cultura occidental desde hace siglos. A lo largo de este libro, has aprendido cómo estas fuerzas se han infiltrado en la sociedad y continúan desempeñando un papel esencial en la religión, la atención médica, la ciencia y el trabajo. Este fenómeno no es nuevo, y ha contribuido a perpetuar los sistemas que no nos permiten avanzar.

Quiero advertirte que este capítulo puede ser un poco difícil de leer, o un tanto confuso. La investigación fue difícil de comprender para mí al principio. Sabía que la positividad tóxica era profunda, pero realmente no entendía cuán poderosa y penetrante era. Puede ser difícil entender cómo algo tan «feliz» puede ayudar a mantener muchos de estos problemas tan complejos. Espero que este capítulo ilustre la multitud de formas en que la positividad tóxica sigue manteniendo los sistemas opresivos dentro de nuestro mundo.

Este capítulo también puede ser un viaje difícil para cualquier persona discapacitada, que esté enfrentando una enfermedad crónica; o para una persona de color, o que vive en un cuerpo más grande, transgénero, *queer*, una mujer o alguien con un tipo de identidad marginada. Tómate tu tiempo para leer esto y siéntete libre de omitir cualquier cosa que sientas demasiado pesada o que no aplique en tu caso.

En este capítulo voy a tocar algunos temas muy personales, y quiero compartir mis propias identidades para ayudarte a comprender mejor mi perspectiva. Soy una mujer estadounidense, blanca, heterosexual, de treinta y pocos años. Soy de ascendencia hispana, y mi madre es cubanoamericana de primera generación. Estoy casada, y mi esposo es judío; también mi hijo lo es. Mientras crecía, siempre hubo comida en la mesa, y nunca tuve que lidiar con carencias o inseguridad financiera reales. Mi experiencia individual con el racismo, la homofobia, el antisemitismo, la superioridad, la exclusión por discapacidad y el clasismo es básicamente inexistente, debido a cómo me presento, y soy sumamente consciente de ese privilegio. Como mujer, desde luego, he experimentado el sexismo en sus muchas variedades; soy esposa, hija y amiga de personas que han padecido muchas de estas formas de prejuicio.

Sé que mis propias experiencias influirán en la forma en que discuta estos temas. Por esto, me he basado e integrado en las perspectivas de muchos investigadores perspicaces que se especializan en algunas de estas áreas de estudio o encarnan una o más de estas identidades. He tenido el privilegio de trabajar con una amplia gama de personas como terapeuta clínica en una ciudad tan diversa como Miami, y también he utilizado esa experiencia para reunir información fundamental para este capítulo. No soy una educadora en antirracismo. Nunca sabré cómo es navegar por el mundo en algunos de estos cuerpos o identidades. Pero estoy íntimamente familiarizada con las formas en que la positividad tóxica nos mantiene atrapados y sufriendo. Mi experiencia e investigación me ha enseñado que es demasiado frecuente que:

- En lugar de hacer más accesibles la asistencia sanitaria, nos animan a usar nuestra mentalidad para curar enfermedades.
- En lugar de mejorar la accesibilidad para los discapacitados, estamos celebrando y fomentando el «porno de inspiración».
- En lugar de fomentar la equidad de género, nos enfocamos en difundir el ideal del «ama de casa feliz» y de la mujer que «lo tiene todo», mientras satanizamos a la «feminista enojada».
- En lugar de centrarnos en la igualdad racial, perpetuamos la narrativa de «Solo hay que amarnos los unos a los otros» y seguimos preguntando: «¿Por qué no podemos llevarnos todos bien?», sin esforzarnos por generar un cambio real.
- En lugar de reflexionar sobre la diversidad para dar cabida a distintos tipos de cuerpos y eliminar la cultura de las dietas, decimos que estamos promoviendo la positividad corporal y el amor al cuerpo, mientras nos resistimos a cambiar ninguno de los sistemas que mantienen estos ideales.
- En lugar de aceptar las múltiples identidades y relaciones en las que participan los seres humanos, hemos dado a las personas marginadas lo justo para «ser felices» y nos enojamos cuando no están agradecidos.

- En lugar de generar más equidad financiera en nuestro mundo, seguimos consumiendo libros para hacerse rico rápidamente, idealizamos la explotación laboral, promovemos la «manifestación financiera» y damos a entender que el trabajo duro siempre llevará al éxito.

Vamos a analizar cómo la positividad tóxica mantiene estos sistemas y cómo llegamos a este punto.

El peor caso de *gaslighting*

En esencia, la positividad tóxica es una forma de *gaslighting*. Le dice a la gente que lo que siente no es real, que se lo está inventando y que es la única que se siente así. Vemos este *gaslighting* presente en muchos libros sobre pensamiento positivo.

Luis era un gran fanático de la ley de atracción cuando lo conocí. Es irónico que me haya elegido como terapeuta, dada mi denuncia pública de esta «ley» en todas mis redes sociales. Nuestras primeras sesiones giraron en torno a la manifestación y el control de los pensamientos. Como ser humano, me retorcía por dentro, pero decidí ir con cautela y escuchar cómo le beneficiaban estas herramientas y qué papel desempeñaban en su vida. La verdad es que no importa si apruebo cómo es que un cliente enfrenta sus problemas. Si le funciona y no perjudica a nadie más, entonces es una habilidad efectiva, y voy a colaborar con él para lograr sus objetivos. No tiene que gustarme.

Lo que me pareció más interesante fue que Luis seguía regresando a terapia semana tras semana, a pesar de estar tan inmerso en la ley de atracción, de su dedicación a las creencias y de su confianza inquebrantable en que funcionaría. Siguió eligiendo sentarse con una terapeuta que claramente no era una seguidora de estas creencias. Supuse que había algo más, y decidí esperar a que él estuviera listo para hablar sobre eso.

Después de unas semanas, Luis comenzó a compartir sobre sus traumas de la infancia. Nunca mencionó nada de esto durante su consulta inicial; yo tenía la impresión de que quería mejorar su motivación y ser más productivo. Luis se presentaba como un hombre tranquilo, fresco y sereno de unos 30 años que simplemente quería dormir mejor y «vivir su mejor vida». Pero me di cuenta de que esa fachada se estaba desmoronando y de que, con un poco más de esfuerzo y un ritmo deliberadamente lento, llegaríamos a alguna parte.

Luis y yo comenzamos a hablar sobre la relación con su abuela, quien lo crio. Su madre murió cuando él tenía diez años, y nunca conoció a su padre. En nuestra primera sesión, Luis contó que su mamá había fallecido y que no conoció a su padre, pero que en general tuvo una «infancia buena y normal». ¿Puedes ver el patrón de negación aquí?

En el transcurso de varias sesiones, Luis comenzó a compartir historias de abuso, abandono e inseguridad alimentaria. Su infancia se convirtió en un impulso insaciable de nunca volver a sentirse como se sentía cuando era pequeño. Siempre tendría dinero en el banco, comida en la mesa y un hogar lleno de positividad y paz, pasara lo que pasara. Así es como Luis y la ley de atracción se encontraron por primera vez. Buscaba tener control y una forma infalible de asegurarse de nunca volver a experimentar esas emociones. Los preceptos le presentaron esa promesa en bandeja de plata.

«La ley más poderosa del universo» le daría dinero, pensamientos positivos y felicidad a raudales, si tan solo se concentraba en lo bueno de su vida y se olvidaba de todo lo demás.[1] Luis utilizó su típica ética de trabajo implacable e hizo todo «bien». Leyó los libros, pensó los pensamientos y se distanció de todo lo que pudiera restar valor a la promesa de abundancia, incluido su propio pasado. Solo había un problema: no podía huir de todo. El trauma infantil que experimentó todavía estaba con él, y la evasión solo intensificó su control sobre su vida adulta. Pronto se encontraría durmiendo menos, aislándose y teniendo problemas con *flashbacks* y recuerdos intensos. Luis también comenzó a culparse a sí mismo por todo lo que le había pasado y se sentía como un gran fracaso. Estaba estancado en un abismo profundo y no tenía idea de cómo salir.

La positividad tóxica que vemos en tantos textos sobre la ley de atracción no es nueva. Es una forma clásica de *gaslighting* que le dice a la gente que no hay víctimas, solo co-creadores. La positividad tóxica insiste en que los prejuicios son inventados, que tus pensamientos literalmente pueden enfermarte y que todos reciben exactamente lo que les está destinado. Sé que Luis no es el primero ni el último cliente que se sentará en mi sofá y luchará con estas ideas. Todos estamos buscando una manera de alcanzar la felicidad y el control sobre nuestras vidas, y estas ideas son tentadoras y cautivadoras… hasta que dejan de serlo.

Salud y felicidad

La salud y la felicidad se han asociado durante mucho tiempo. La discapacidad o la enfermedad suelen verse como una carga, y es raro que veamos cuerpos discapacitados o con enfermedades crónicas representados como personas normales en los medios de comunicación. Las imágenes que recibimos por lo general son «porno de inspiración» o historias sobre alguien que, a pesar de todo, encontró la manera de superar las dificultades, lograr todos sus objetivos y obtener la felicidad dentro de la definición de felicidad de las personas sin discapacidad. Exigimos positividad a los discapacitados y enfermos, o asumimos que son ellos los que se están provocando dolor a sí mismos y quieren ser víctimas.

Los miembros de este grupo han sido durante mucho tiempo un blanco de las políticas de felicidad. Los investigadores eugenésicos prometían felicidad individual y colectiva a través de sus métodos, y creían que los estados emocionales distintos a la positividad eran malos para la evolución.[2] Ignoraron los desafíos sociales, políticos y económicos de la época en favor de una perspectiva simplista de las enfermedades y de la felicidad. Si no estabas de acuerdo con la filosofía o los métodos, te tachaban de «anticientífico» y, en última instancia, te ignoraban o rechazaban. El movimiento eugenésico apareció en Estados Unidos a principios de 1900 y fue una época extremadamente oscura para las personas con enfermedades o discapacidades físicas y mentales, a quienes se les culpaba de la infelicidad de toda la sociedad.[3]

Durante el apogeo del movimiento eugenésico, a las personas que padecían enfermedades graves se les negaba el tratamiento médico para «probar su resistencia». Era una práctica común usar «estudios científicos» como evidencia de que ayudar a los discapacitados sería tarde o temprano perjudicial para toda la población y conduciría a más enfermedades y condiciones sociales no deseadas. Las personas con discapacidades eran consideradas «débiles mentales». Se creía que tenían estados emocionales inapropiados, falta de control emocional y un «temperamento explosivo, accesos incontrolables de ira, debilidad de voluntad, incapacidad para mantener una idea social en mente, falta de ambición para proporcionar buenos hogares como sus vecinos…

y el impulso mental». La tesis central era que estos individuos restarían felicidad a la población en general. Por lo tanto, la solución propuesta era deshacerse de ellos y pretender que nunca existieron, todo en nombre de la búsqueda de la felicidad.[4]

Algunos psicólogos de la época creían que la eliminación de los «débiles mentales» daría como resultado una enorme mejora en felicidad y logros en todas las comunidades. La debilidad mental era solo otro nombre para cualquier persona mental o físicamente enferma que no podía convertirse en la definición actual de un miembro contribuyente, productivo y feliz de la sociedad en ese entonces. Esto significaba encerrar, esterilizar o matar a cualquiera que amenazara la felicidad de la sociedad en general. Los enfermos mentales y físicos eran vistos como una de las mayores amenazas a la felicidad durante ese periodo, y muchos creían que había que hacer algo al respecto.[5]

La relación entre salud y felicidad sigue siendo sumamente problemática hoy en día. Los libros que promueven la ley de la atracción o su manifestación, a menudo proponen que pensar o preocuparse por la enfermedad en realidad conducirá a más enfermedades. También tienden a plantear la pregunta: «¿Te has dado cuenta de que aquellos que más hablan de enfermedades tienen más enfermedades?».[6] Y para responder a esta pregunta, no, realmente no me he dado cuenta de esto. He pasado mi carrera profesional trabajando con personas que viven con enfermedades crónicas y discapacidades, y muchos de los miembros de mi familia se enfrentan a estos problemas. Todavía no he encontrado una correlación entre hablar de enfermedad y la aparición de la enfermedad. Tampoco encuentro datos confiables que respalden esta afirmación.

La enfermedad y la discapacidad a menudo son el resultado de una complicada interacción entre una amplia variedad de factores. Estos son algunos de los elementos más comunes que influyen en nuestra salud en general:[7]

- Estatus socioeconómico.
- Distribución de la atención médica.
- Tóxicos del medio ambiente.
- Apoyo social y relaciones significativas.
- Tensión laboral o desempleo.
- Discriminación.
- Creencias religiosas.
- Género.
- Influencias sociales.
- Tabaquismo.
- Acceso y calidad de los alimentos.
- Consumo de drogas y alcohol.
- Seguridad sexual y educación sexual segura.
- Prácticas de detección de enfermedades.
- Estrés y habilidades de afrontamiento disponibles.
- Desarrollo de la infancia temprana y exposición a eventos estresantes en la infancia.
- Funcionamiento del sistema inmune.
- Neurotransmisores, neuromoduladores y hormonas.
- Predisposición genética.

Muchos de estos factores contribuyentes se ignoran o simplemente se dejan fuera de la conversación. Es mucho más fácil pretender que tenemos el control total sobre nuestra salud, y así es como la positividad tóxica continúa apoyando las creencias perjudiciales sobre la salud, la discapacidad y la enfermedad. En lugar de analizar por qué las personas se enferman y permanecen enfermas o tratar de crear un mundo en el que los discapacitados y los enfermos crónicos puedan desenvolverse mejor, nos enfocamos en los pensamientos y en la positividad como la vía principal para curar la enfermedad. Tenemos poca tolerancia a la «negatividad» que se experimenta al reconocer al cuerpo discapacitado como humano, multifacético y digno de respeto.

En *La promesa de la felicidad,* de Sara Ahmed, la autora describe con elocuencia la manera en la que ciertos cuerpos se convierten en objetos que amenazan o desafían nuestra felicidad. Las cosas se vuelven felices o infelices según el significado que les demos. A lo largo de la historia, el cuerpo frágil, discapacitado o enfermo ha sido etiquetado como infeliz. La presencia de un cuerpo que no se ajusta a la narrativa tradicional de la salud nos obliga a enfrentarnos a nuestra propia mortalidad y salud. Nos hace reconocer que la salud no está garantizada para nadie y que no tenemos control total sobre los resultados de nuestra salud. Cuando ese cuerpo imperfecto experimenta y muestra emociones distintas a la positividad o la felicidad, es posible que deseemos distanciarnos aún más.

Tómate un momento para pensar en cómo respondemos a las personas que viven con una enfermedad o una discapacidad. A menudo esperamos que se adapten y se unan al mundo de los «sanos» o se quiten del camino. A las personas que están enfermas se les dice «Mejórate pronto», y tendemos a celebrar a los discapacitados solo cuando han encontrado una manera de superar todos los obstáculos, inspirando felicidad y positividad a través de sus logros y su resistencia. Las personas a menudo solo toleran la discapacidad y la enfermedad cuando se asocian con su versión de lo que significa estar sano y feliz. Se vuelve casi imposible separar la salud de la felicidad, así que, si no vas a estar sano, más vale que al menos seas feliz. Es cruel, y completamente inalcanzable para muchos.

La salud y la felicidad no vienen en paquete.

Eliminar la positividad tóxica de las conversaciones sobre salud, enfermedad y discapacidad requiere que enfrentemos muchas realidades difíciles. Todos podemos enfermarnos temporal o permanentemente, o sufrir algún tipo de discapacidad en algún momento de nuestras vidas. La salud y la felicidad no vienen en paquete, y alguien puede vivir una vida plena y significativa sin cumplir con todas las características predeterminadas de «salud».

¿Qué pasaría si simplemente permitiéramos que el cuerpo discapacitado existiera tal y como es? Con todas sus emociones, defectos y multitud de facetas. ¿Y si permitiéramos a las personas expresarse y compartir sus sentimientos, independientemente de su estado de salud? Tal vez la verdadera salud y el bienestar real signifiquen centrarse menos en ayudar a las personas a sentirse felices a pesar de sus dificultades, y más en cómo nuestro mundo puede acomodar y abrazar a personas de todas las capacidades y diagnósticos. Sé que es una tarea difícil, pero ¿y si nuestro bienestar colectivo depende de ello?

Los desagradecidos

La búsqueda de la felicidad también está íntimamente ligada al racismo y a los sentimientos contra los inmigrantes. Las percepciones de la «mujer negra enojada», los «migrantes melancólicos» y la «minoría modelo» han persistido a lo largo del tiempo.[8] Una vez más, se ha utilizado la ciencia para imponer esta agenda en nombre de la búsqueda de la felicidad.

A principios de la década de 1900, el autocontrol emocional se consideraba la mayor virtud, y los científicos proponían que ciertas razas tenían mejor regulación emocional que otras. Mientras mayor control tuviera un grupo sobre sus reacciones emocionales, más civilizado era. Los científicos y líderes buscaron crear «utopías evolutivas marcadas por sociedades felices y controladas, llenas de gente feliz y eficiente». Esto significaba eliminar cualquier grupo que expresara demasiada negatividad e impidiera la búsqueda de la felicidad.[9]

La imagen del «migrante melancólico» se hizo muy popular en esta época. Si parecías deprimido, se consideraba una señal de falta de inteligencia. En Estados Unidos, a los inmigrantes, antes y después de la Segunda Guerra Mundial —en especial a los inmigrantes judíos—, se les obligó a guardar silencio sobre sus traumas y angustias relacionados con la guerra. Si no eran positivos, se les consideraba inadaptados y carentes de regulación emocional, lo que terminaba por amenazar su lugar en la sociedad. La evaluación de los inmigrantes también enfatizaba la adaptación positiva y la productividad, al tiempo que ignoraba las circunstancias y las influencias, como los traumas, que a menudo llevaban a los inmigrantes a tener problemas de regulación emocional o de asimilación rápida a una nueva cultura. Los inmigrantes estaban sujetos a un estándar extremadamente alto, y corrían el riesgo de ser expulsados del grupo si no se desempeñaban según lo esperado, o si hacían algo que amenazara la felicidad general.[10]

La positividad tóxica también se usó de manera regular para silenciar y desechar a los ciudadanos indígenas y negros. Se produjeron estudios científicos que argumentaban que los negros tenían cerebros más pequeños y que por eso eran propensos a una mayor desregulación emocional y, en última instancia, eran una amenaza para la felicidad. El objetivo era evitar que «los individuos racialmente aptos desarrollaran estados emocionales y comportamientos racialmente venenosos, que podrían dañar el acervo hereditario de futuras sociedades felices y sanas». Esto significó separar a los grupos raciales en un intento de «proteger» a los blancos de la naturaleza venenosa de otros grupos.

Seguimos viendo cómo la felicidad y la positividad se utilizan como armas dentro de las comunidades de color y entre los inmigrantes. Respuestas como «¿No podemos simplemente amarnos los unos a los otros?» y «Todos somos una sola raza humana» normalmente se utilizan para silenciar e interrumpir las conversaciones sobre el racismo, en favor de una mayor «felicidad» y cohesión. El problema es que solo estamos priorizando la felicidad y comodidad de un grupo, mientras ignoramos y silenciamos al otro. De hecho, estamos diciendo: «Lamento que estés herido, pero tu negatividad y tu respuesta al racismo realmente me están incomodando, así que ¿podrías dejar de hacerlo?».

Dentro de la cultura de la positividad, se espera que los inmigrantes y las personas de color estén agradecidos por lo que tienen, y que acepten la búsqueda de la felicidad que desarrollaron los Padres Fundadores. Si no están satisfechos, simplemente pueden «volver al lugar de donde vinieron». Por el contrario, usamos estereotipos positivos para reforzar los tipos de personas que han «triunfado» dentro de este sistema. Decimos cosas como «Ella es una mujer negra fuerte», sin cuestionar por qué las mujeres negras tienen que ser tan fuertes ni por qué esperamos esto de ellas. El inmigrante feliz y colaborador es celebrado por haber logrado la estrecha definición del «sueño americano» contra viento y marea. Aunque estos estereotipos son positivos y a menudo se dan como cumplidos, se vuelven bastante restrictivos para cualquiera dentro del grupo que no pueda cumplir con esas expectativas.

Hoy en día, el racismo y otras formas de opresión se han reducido a un conjunto de opciones individuales. Si alguien no puede tener éxito en este mundo, es porque no se esfuerza lo suficiente. Son demasiado negativos, demasiado enojones, demasiado ásperos. No son suficientemente profesionales, se quejan demasiado, no son agradecidos y no pueden llevarse bien con los demás. Señalar las fallas del sistema a menudo se considera una disidencia. Se premia una actitud positiva implacable y la capacidad de no molestar a nadie ni alterar la norma. La positividad es la forma en que se mantienen los sistemas y «la paz», pero los cimientos están comenzando a resquebrajarse, y algunas personas ya no están dispuestas a tolerarlo.

Enojarse y expresar insatisfacción es a menudo una de las formas más eficaces de provocar cambios en una sociedad. Las tautologías positivas y la búsqueda de la felicidad se utilizan en última instancia como herramientas para mantener a la gente sumisa y callada. Predomina la creencia de que, si haces demasiado ruido, estás amenazando mi felicidad y tengo derecho a buscar mi felicidad. Cualquier cosa que amenace esa búsqueda es negativa, inconveniente y debe ser desalentada.

El ama de casa feliz y la feminista enojada

Las mujeres llevan mucho tiempo atrapadas en los confines de la positividad tóxica.

El papel del «ama de casa feliz» personifica la definición moderna de lo que significa «ser mujer», y la intensa expectativa de permanecer siempre positiva, incluso en circunstancias extremas. En última instancia, el ama de casa feliz es una fantasía. Es la mujer radiante y bien cuidada que lava los platos y sonríe mientras pone la cena en la mesa todas las noches. Se siente satisfecha e inspirada por sus tareas domésticas y busca mejorar la felicidad general de toda la familia.[11] Cuando esta imagen se popularizó a lo largo de las décadas de 1950 y 1960, muchas mujeres ya formaban parte de la fuerza laboral. Solo las mujeres, principalmente blancas, que tenían el tiempo y el dinero para quedarse en casa podían acceder a esta fantasía. Betty Friedan fue una crítica de la fantasía del ama de casa feliz, y propuso que las mujeres deberían ser liberadas del hogar.[12] Pero, según la autora feminista bell hooks, Friedan no especificó quién terminaría haciéndose cargo de esas tareas cuando las mujeres dejaran el hogar para encontrar la felicidad. En última instancia, serían las mujeres de color las que entrarían en los hogares para relevar a las mujeres blancas de su carga.[13] Esto significaba que solo algunas mujeres se liberarían del peso de la fantasía del ama de casa feliz y otras quedaron relegadas a continuos intentos y fracasos al perseguir este objetivo.

El problema continuó cuando a las mujeres blancas se les prometió felicidad fuera del hogar, pero no pudieron encontrarla allí. Su trabajo todavía no se consideraba igual al de los hombres, tanto en salario como en responsabilidad. El acoso sexual era frecuente, y las mujeres todavía cargaban con la mayor parte de la administración del hogar. La felicidad siguió utilizándose como herramienta para mantener los roles de género tradicionales en la sociedad. Las familias felices tenían hogares limpios y hermosos, matrimonios heterosexuales, hijos bien educados y una figura patriarcal que tenía un empleo lucrativo en una carrera respetable. Se suponía que, si tenías estas cosas y seguías el camino, serías feliz, y si no lo eras, algo estaba mal en ti.

Cualquiera que optara por salirse de este sistema era visto como negativo y como un «aguafiestas». Sara Ahmed analiza la imagen de las aguafiestas feministas en su obra *La promesa de la felicidad*. Según Ahmed, la mujer feminista se considera negativa cuando desbarata la fantasía de felicidad que se promete por medio de los roles de género típicos y la familia ideal. A menudo se le describe como desagradable o incapaz de «encajar» con las otras mujeres. La verdad es que la feminista solo está prestando atención, y cuando pones atención te das cuenta de que hay muchas cosas con las que estar insatisfecha.[14]

En la actualidad, vemos la imagen del ama de casa feliz, desarrollándose de muchas maneras diferentes. En las redes sociales, probablemente te hayas familiarizado con las «mamás blogueras». Hay miles de cuentas dedicadas a crear y perfeccionar la imagen de la madre y ama de casa perfectas. La imagen se centra en un matrimonio feliz, niños bien vestidos y educados, y un hogar digno de mostrar en todas las redes sociales. Una actitud positiva les permite prosperar. El contenido está muy cuidado, y la línea entre la fantasía y la realidad se desvanece. Creemos que podemos lograrlo porque no vemos la historia que hay detrás de la imagen. Este contenido tan cuidado nos permite sentirnos suficientemente cerca de la persona como para no cuestionar nada.

También está la nueva imagen de la mujer que «lo tiene todo». Tiene éxito en su carrera, es una madre maravillosa y una esposa dedicada. Es importante que esta mujer continúe manteniendo las expectativas de género para el hogar, la crianza de los hijos y el matrimonio, o será inevitablemente criticada. La atención se centra en hacer que todo parezca fácil y factible. De nuevo, las líneas entre la fantasía y la realidad son sumamente borrosas aquí, y es posible creer que, con la actitud correcta y mucho trabajo duro, tú también podrás lograrlo.

He caído en la trampa de estos dos ideales. La positividad tóxica entre las mujeres está muy extendida, y quejarse de la maternidad, el matrimonio o la carrera a menudo se encuentra con una falta de simpatía y se considera negativo o desagradecido. Aprendí que no hay un lugar feliz al que todas lleguemos si hacemos todo «bien». Mantener todo esto es tan difícil, que parece casi imposible, y ciertamente no podemos hacer todo, todo el tiempo. Está bien pedir ayuda. Está bien quejarse y ser agradecido. Está bien desafiar todo lo que te han enseñado sobre ser mujer y crear una definición totalmente nueva para ti. A pesar de lo que te han dicho, la felicidad no se encuentra dentro de estrictos roles o normas de género.

Si te pareces a mí, también serás feliz

No recuerdo un solo día de mi vida en el que no haya tenido un pensamiento negativo sobre mi cuerpo. Es algo tan común que me tomó muchos años darme cuenta de cuándo me estaba revisando y criticando mi cuerpo. Para ser honesta, pensaba que eso era parte de ser mujer. Mi mamá lo hacía; todas mis amigas lo hacían también. Era un tema importante de conversación a través del cual nos manteníamos unidas.

La cultura de las dietas y de la aceptación del cuerpo llegaron a mi puerta a través de las redes sociales. Poco a poco opté por dejar de seguir solo a *influencers* talla cero que bebían jugo verde, para seguir a voces más diversas y contrarias a las dietas. Reconocer la cultura de las dietas a mi alrededor ha resultado sorprendente, revelador, liberador y aterrador, todo a la vez. También ha puesto de manifiesto la frecuencia con que asociamos la delgadez con la salud y la felicidad. La salud no puede separarse de la búsqueda de la delgadez o de la positividad tóxica. Están inevitablemente vinculadas y se apoyan mutuamente.

La industria de la cultura de las dietas es un mamut de billones de dólares que vende la promesa de felicidad, salud y delgadez.[15] En última instancia, se benefician de nuestras inseguridades mientras prometen liberarnos de ellas. Nos repiten una y otra vez que, si vencemos una inseguridad más o perdemos un kilo más, por fin seremos felices. Muchos de los anuncios que utilizan para vender sus productos son abrumadoramente positivos. Personas sonrientes y optimistas cruzan las playas y ríen entre amigos. Te venden una fantasía inalcanzable, porque la felicidad no existe en otro cuerpo. Si alguna vez has mirado una foto tuya y pensado: «¡Vaya, me veía muy bien en ese entonces!» y luego recordaste lo mucho que te esforzaste durante esa época de tu vida, sabes exactamente a lo que me refiero. Es un ciclo sin fin. Sonya Renee Taylor, autora de *El cuerpo no es una disculpa*, hizo una pregunta importante en una de sus conferencias en vivo para ayudarnos a lidiar con este tipo de mercadotecnia depredadora de felicidad y la delgadez. Pidió al público que se planteara: «¿Quién se está beneficiando con mi inseguridad?».[16] Me encanta esta pregunta, y la he usado a menudo en mi propia batalla con la cultura de las dietas y cuando trabajo con clientes en terapia. Cuando nos hacemos esta pregunta, podemos alejarnos de la promesa de felicidad, salud y delgadez y ver con claridad cómo nuestras inseguridades se convierten en armas para vender un producto que nos promete algo que nunca cumplirá.

La positividad tóxica ha ayudado a mantener la cultura de las dietas, pero también aparece en el ámbito de la positividad corporal. Cuando me encontré por primera vez con la idea de «positividad corporal», me intrigó. Pensé que era mucho mejor que la crítica constante de nuestros cuerpos y ciertamente mejor que la cultura de las dietas, pero fue demasiado lejos. De repente, se esperaba que amáramos nuestros cuerpos, los elogiáramos y habláramos amablemente con ellos y sobre ellos. Después de toda una vida de cultura de las dietas, la positividad corporal parecía estar muy lejos de mi alcance y del de mis clientes. Así es como la positividad tóxica puede aparecer de una manera tan complicada. Al igual que las afirmaciones positivas, tratar de sentirnos demasiado positivos respecto de nuestros cuerpos con excesiva rapidez puede causar mucho más daño que bien. Esta es la razón por la que me alejé de la positividad corporal y adopté la neutralidad y la aceptación del cuerpo.

El término *neutralidad corporal* comenzó a ganar adeptos en internet en 2015. Se hizo ampliamente conocido cuando Anne Poirier comenzó a usarlo en sus retiros en 2016. La neutralidad corporal consiste en ver tu cuerpo tal como es y en reconocer cómo te ayuda a moverte por el mundo. Todos los cuerpos tienen valor a pesar de sus capacidades o limitaciones. En lugar de centrarse únicamente en amar tu cuerpo, se te anima a dejar de lado las reacciones emocionales fuertes o los juicios hacia él. Se ha demostrado que esto ayuda con la ansiedad, la depresión y el bienestar general.[17] Tener esta mentalidad significa que seguirás teniendo pensamientos negativos sobre tu cuerpo y que quizá vuelvas a caer en viejos patrones, pero también que eres consciente de que esto sucede en un mundo que prioriza la delgadez en nombre de la salud y la felicidad, y que no es una señal de que haya algo malo en ti.

Son felices con tan poco

Tratamos la felicidad como un objetivo medible, a pesar de que muchos de nosotros tenemos definiciones opuestas de lo que en realidad significa ser feliz. En última instancia, las personas con más poder y recursos son las que deciden qué es la felicidad, cómo se logra y quién puede alcanzarla. Esto ha dado lugar a la creencia de que las naciones más felices son las más ricas e industrializadas, aunque esta realidad se contradice rotundamente en muchas evaluaciones.[18]

También sostenemos que la riqueza equivale a la felicidad y que, cuanto más uno es capaz de lograr, más probable es que sea feliz. Hay muchas cosas que, nos dicen, nos llevarán a la felicidad: un auto nuevo, una casa nueva, un par de zapatos nuevos. Todas estas «claves de la felicidad» cuestan dinero, y la creencia de que nos aliviarán del dolor existencial está profundamente arraigada en nuestra psique. Los anuncios se aprovechan del deseo de una vida plena y feliz, y promueven productos que supuestamente satisfarán esa necesidad. Pero ¿qué sucede cuando no lo hacen? Vamos en busca de más. Tal vez solo no hayamos comprado el auto adecuado, o necesitamos una casa más grande, o los zapatos pasaron de moda. No importa cuál sea el objeto, la felicidad es efímera o nunca llega.

La relación entre la riqueza y la felicidad es complicada, y muchos investigadores han intentado explicar por qué algunas personas son felices con tan poco y otras son miserables aun teniendo tanto. En un estudio reciente se descubrió que mayores ingresos se asociaron con menos tristeza diaria pero no con más felicidad diaria. El dinero no necesariamente hace a alguien más feliz, aun cuando puede conducir a un mayor control sobre la propia vida y, eventualmente, a sentir menos tristeza.[19]

Está claro que la positividad tóxica desempeña un papel en el mantenimiento de las actuales estructuras de clase, equiparando la riqueza con la felicidad y ejerciendo una enorme presión individual sobre los pobres para que superen sus retos en la búsqueda de la felicidad. A menudo escuchamos «Mira, son tan felices con tan poco» como una forma de explicar la felicidad entre grupos de personas que no tienen acceso a algunas de las oportunidades o recursos del mundo occidental. Hay una gran presión para lograr la riqueza y la felicidad por medios convencionales o aceptar que no se puede, y ser feliz de todos modos. La gratitud forzada aparece a menudo aquí, y se espera que las personas a las que se les ha dado lo mínimo sean constantemente positivas y agradecidas de tener algo.

Si alguien es incapaz de alcanzar la riqueza y la felicidad, su actitud suele ser lo primero a lo que culpamos por ello. No se ha esforzado lo suficiente, no piensa positivamente, necesita manifestar riqueza, vive con una mentalidad de «víctima». Rara vez observamos los sistemas que mantienen a las personas entrampadas y, en cambio, elegimos razones individualistas que tienen sus raíces en la positividad tóxica. La forma de combatir la positividad tóxica en las conversaciones sobre la riqueza es eliminar totalmente el dinero de la ecuación. Sabemos que el acceso a ciertos recursos, como un lugar seguro para vivir, relaciones de calidad, una alimentación y nutrición adecuadas y atención médica son los pilares básicos del bienestar. Sin estos elementos, la gente seguirá luchando por la felicidad y por los logros. Si dejamos de hablar de la riqueza y de la felicidad y, en cambio, nos concentramos en cómo podemos hacer las cosas más equitativas en un nivel básico, la gente podrá alcanzar su propia forma de felicidad.

Siempre y cuando seas feliz

La positividad tóxica también está presente en la comunidad LGBTQIA+. Al principio, estas identidades se consideraban pecaminosas y se ocultaban de la sociedad en general. Los líderes y los investigadores utilizaron el mismo enfoque que habían empleado con los inmigrantes, los discapacitados y las comunidades de color con esta población: eliminarlos de la sociedad para que no amenazaran nuestra felicidad.

A medida que las conversaciones sobre la homosexualidad y la cultura *queer* se incorporaron a la generalidad por medio de la literatura, los libros sobre homosexuales solo tenían finales infelices. Una persona *queer* podía vivir su identidad, pero no había forma de que esto terminara en felicidad.[20] Tratando de facilitar las cosas, alentamos a las personas a ser quienes son y, al mismo tiempo, los empujamos para alinearse lo más posible con nuestros caminos predeterminados hacia la felicidad. Sara Ahmed llama acertadamente a estos caminos hacia la felicidad «guiones de felicidad». Estos son los manuales de cómo ser feliz. Nos dicen qué hacer y cómo vivir. Si los sigues al pie de la letra, serás feliz.[21]

También, en un intento por hacer las cosas menos difíciles para las personas LGBTQIA+, las animamos a «ser quienes son», pero al mismo tiempo pretendemos empujarlas a alinearse lo más posible con los guiones de felicidad *heteronormativos*. Esto significa que puedes ser lo que quieras, pero si de verdad quieres ser feliz todavía necesitas casarte, tener hijos y conseguir un trabajo. Puede ser que hayamos adoptado más identidades y tipos de relaciones, pero la presión de ser feliz y positivo en esas elecciones nunca había sido mayor. La gente dice: «No me importa a quién amas. Solo quiero que seas feliz». Se insiste en que esta «elección» de vivir de manera diferente conducirá a la felicidad, y, si no es así, bueno, entonces algo anda mal. Tenemos grandes expectativas a pesar de que las parejas heterosexuales se están divorciando y diciendo que son infelices en su matrimonio a tasas alarmantes. Si eres transgénero o *queer* y terminas en una relación infeliz, el razonamiento suele ser que debes de haberte equivocado. ¿Quizá, después de todo, no eres esa persona? Tal vez esta infelicidad signifique que solo estabas confundido. Hay una inmensa presión para encontrar la felicidad al final de estas decisiones.

Esta presión también se extiende a la identidad en general. Existe la expectativa de que cuando alguien de la comunidad LGBTQIA+ anuncia o adopta su identidad y la comparte con el mundo, será la respuesta a todos sus problemas. De pronto esta persona será feliz, llena de orgullo, y todos sus problemas de salud mental desaparecerán. Y para algunos, tal vez esta sea la clave y ayude a aliviar la angustia; pero, para muchos, es solo una pieza del rompecabezas. Si sigues teniendo dificultades, tu decisión se pone en duda de nuevo. Tal vez te equivocaste. Quizá seas heterosexual y no trans. ¿Estás seguro de que esto es lo que querías? La positividad, la felicidad y un compromiso inquebrantable con tu decisión son los únicos resultados aceptables.

Si en verdad queremos eliminar la positividad tóxica de nuestras conversaciones sobre la identidad LGBTQIA+, debemos ver a las personas como seres humanos con una multitud de emociones que van más allá de su identidad, el estado de su relación o cómo se refieren a sí mismas. Esperar positividad y felicidad implacables de alguien por el simple hecho de que ha podido expresarse no es útil. En lugar de equiparar la identidad o la autoexpresión con la felicidad y la positividad, podemos verlo como una pequeña parte, en constante evolución, de cómo se siente alguien y de quién es.

Sea lo que sea que decidas hacer en la vida, asegúrate de que te haga feliz.

Vive una vida que te desafíe, que te satisfaga, que tenga sentido y que te traiga momentos de alegría. Ábrete a todas las emociones y experiencias. Descubre lo que valoras y síguelo hasta el final, sabiendo que la vida a veces va a doler y que eso hace que valga la pena vivirla.

Sea lo que sea que decidas hacer en la vida, asegúrate de que te haga feliz

[illegible]

Capítulo 9

Cómo encontrar la plenitud en un mundo difícil

Sí, la vida es dura y aun así no tenemos que batallar todo el tiempo. Hay espacio para la felicidad y el dolor. Podemos hacer lugar para todo sin dejar de lado lo bueno, lo malo o lo neutral.

A lo largo de este libro has aprendido cómo el hecho de incorporar la cantidad adecuada de quejas y de agradecimiento, negatividad y positividad, empatía y límites puede conducirte hacia una vida más satisfactoria. Sabemos que esconderse detrás de una sonrisa y una actitud positiva no van a solucionar los grandes problemas que surgen en la vida. Tenemos que encontrar la manera de darnos tiempo para lo bueno y lo malo mientras vivimos una vida que esté en consonancia con nuestros valores, metas y talentos únicos.

Abandonar la búsqueda de la felicidad

Lo primero que podemos hacer es renunciar a la búsqueda incansable de la felicidad. Lo sé, suena contradictorio. ¿Cómo seré feliz si no persigo la felicidad?

Comencemos con algunas preguntas:

- Si la felicidad es clave para una vida significativa, ¿por qué tantos de nosotros seguimos siendo desgraciados?
- ¿La búsqueda constante de la felicidad te ha traído más felicidad?
- ¿Cuáles han sido los momentos más felices de tu vida? ¿Hubo otras emociones presentes en esos momentos?
- ¿Estás esperando por un momento «eureka» (de contemplación o de reflexión) para por fin sentirte feliz?

Nuestra cultura lleva siglos obsesionada con promover la felicidad y parece que eso no está funcionando. Las investigaciones demuestran que mientras las personas más la ven como un objetivo, menos felices son.[1] Los estadounidenses invierten más tiempo, energía y dinero en la búsqueda de esta en comparación con cualquier otro país, pero no por eso son más felices.[2] Según la Encuesta Social General, casi no ha habido cambios en los niveles de felicidad de los estadounidenses desde 1972.[3] Así que, a pesar de nuestros esfuerzos por ser más felices y de todo el enfoque en la felicidad, algo no está dando el resultado esperado.

Si buscas en Google «¿Cuál es el secreto de la felicidad?», de inmediato aparecerán 480 millones de resultados. Cada uno promete un camino diferente hacia esta escurridiza meta. Si bien hay cierta superposición en estas listas (por lo general se mencionan las relaciones y la gratitud), cada una de ellas afirma estar basada en la ciencia, pero en realidad ofrece una perspectiva o metodología diferente. Cada uno de los estudios también analiza poblaciones diferentes y se presta poca atención a los factores culturales que pueden incidir en lo que en verdad determina y conduce a la felicidad entre diferentes grupos.

Lo que necesitas para ser feliz está en constante evolución, y cambia constantemente según el lugar donde vives, tu sexo, tu edad y otros factores. Nos han vendido la idea de que el camino a la felicidad no es individual ni fluido, sino una lista estandarizada de prácticas culturalmente aceptadas que, cuando se ejecutan al pie de la letra, te llevarán a la tierra prometida. El camino más común es estar sano, estudiar, graduarse y conseguir un trabajo, casarse, tener hijos, jubilarse y morir. Mientras vas marcando esas casillas, se espera que muestres gratitud, que tengas la mentalidad correcta y que no te quejes. Desafortunadamente, muchos de nosotros somos incapaces de transitar algunas de estas etapas, o simplemente no queremos hacerlo.

Soy alguien que ha seguido este camino de pe a pa. He hecho todo como se esperaba, en la línea de tiempo «correcta», y me ha llevado a muchos momentos de plenitud y felicidad, porque es lo que quería y valoraba. Si ese es tu camino también, genial. Pero, como terapeuta, amiga y miembro de una familia, he visto que este camino, y la necesidad constante de encontrar la felicidad destruyen a las personas y las dejan sintiéndose como un fracaso cuando no pueden lograrlo a través de los medios prescritos.

Entonces, ¿qué pasa si la felicidad no siempre es alcanzable para todos a través de los caminos que se nos han indicado? ¿Y si nos han vendido algo que no es identificable, medible y que, además, es inalcanzable? Por eso te animo a renuncies a la búsqueda de la felicidad por completo. En lugar de eso, concéntrate en encontrar la plenitud, forjar tu propio camino y vivir una vida acorde con tus valores. Quizá tu camino sea el «tradicional», o puede que no lo sea. Ambos están bien. Ambos son dignos.

Vivir una vida basada en valores

Encontrar la plenitud requiere vivir una vida basada en valores. Una vida impulsada por valores es un poco diferente de una motivada por la felicidad. En una vida basada en lograr la felicidad, nos enfocamos en mantener un buen estado de ánimo, en buscar solo experiencias positivas y felices, y en conseguir la felicidad como objetivo final. Una vida basada en valores te permite priorizar lo que de verdad es importante para ti y encontrar un camino para conseguirlo. Permite admitir el hecho de que vivir de acuerdo con nuestros valores no siempre significa sentirse feliz o bien, sino que está en consonancia con lo que somos y lo que queremos.

Una vida basada en la felicidad	Una vida basada en valores
■ Solo te preocupan las cosas, ideas, experiencias y personas que aumentarán tu felicidad.	■ Ser consciente de las cosas, ideas, experiencias y personas que valoramos en nuestra vida.
■ Seguir el camino correcto que llevará a la felicidad, aunque no sea lo que quieres.	■ Ser consciente de tus valores te motivará y te ayudará a iluminar tu camino.
■ Todos los pensamientos dolorosos o negativos son amenazas para tu felicidad y hay que eliminarlos.	■ Tu dolor, tus quejas y tus sentimientos angustiantes a menudo apuntarán directamente a tus valores y pueden ser aceptados.
■ Cualquier persona que se queje, no esté de acuerdo o tenga dificultades te quita felicidad.	■ Puedes elegir relaciones con base en tus valores y reconocer que las relaciones no

- Cualquier persona que se dedique por completo a conseguir la felicidad, la tiene garantizada. Si no lo has logrado, no te estás esforzando lo suficiente.

son fáciles ni buenas todo el tiempo.

- Vivir de acuerdo con mis valores me llevará a momentos de felicidad y de dificultades. Todo puede existir al mismo tiempo.

La terapia de aceptación y compromiso es una de mis herramientas favoritas para conseguir una vida basada en valores. La ACT (por sus siglas en inglés) ayuda a las personas a desarrollar flexibilidad psicológica, es decir, la habilidad de existir en el momento y de reconocer los sentimientos y las sensaciones corporales, incluso si son incómodos o dolorosos. Este tipo de flexibilidad nos empuja a ver nuestras experiencias emocionales sin juzgarlas, en lugar de tomar decisiones sobre la vida basadas en evitar cualquier malestar o dolor que estemos experimentando.[4] Buscar constantemente la felicidad o la positividad puede conducir a mucha evitación, sobre todo cuando sentimos que nuestros pensamientos negativos nos llevarán a la muerte. Entonces, en lugar de solo buscar lo que nos genera «buenos» sentimientos, nos enfocaremos en lo que nos acerca a nuestros valores.

El primer paso para vivir una vida basada en valores es descubrir cuáles son los tuyos. Recuerda que estos valores pueden cambiar a lo largo de tu vida, y que cualquier cosa con la que te comprometas hoy siempre puede cambiar más adelante. Los valores no están pensados para servir como reglas o directices. Son guías que te ayudan a tomar decisiones y a sentirte más realizado.

Comienza por pensar en tus valores en cada uno de estos cuatro ámbitos de la vida: trabajo/educación, relaciones, crecimiento personal/salud y ocio. No todos tenemos los mismos valores, y no hay una respuesta «correcta». En cada una de estas columnas, pregúntate:

- ¿Qué es importante?
- ¿Qué me importa a mí?
- ¿En qué me gustaría trabajar?
- ¿Qué valores me inculcaron mi cultura y mi familia? ¿Esos valores son importantes para mí como individuo hoy en día?

Tu valor no será un objetivo específico. En cambio, es la forma en que te gustaría vivir tu vida. Por ejemplo, tal vez tu objetivo sea pasar al menos una noche a la semana con tu pareja. Ser una pareja atenta y comprometida sería el valor subyacente, y encarnarías ese valor al pasar tiempo con tu pareja.

Si tienes problemas para encontrar tus valores, piensa en algunos de los objetivos y comportamientos que te gustaría lograr y qué valor podría estar impulsando eso. También hay varias listas de valores útiles en internet que te ayudarán a comenzar a pensar en tus valores personales.

Si te das cuenta de que eres una persona que dice valorar el tiempo en familia, pero pasas ochenta horas a la semana en el trabajo, es posible que necesites ser más creativo con la forma en que vas a encarnar ese valor. Este ejercicio también puede ayudarte a cuestionar tus valores e identificar si la cercanía con la familia es realmente más importante que el trabajo o si simplemente crees que debería serlo. Es una buena idea verificar constantemente tus valores y cómo estás viviendo. Tus valores van a cambiar a medida que envejeces y tu vida cambia. Está bien hacer ajustes sobre la marcha. Cuando vives de acuerdo con tus valores, las cosas son mucho más satisfactorias y tienen sentido. No siempre te sentirás «bien», pero sabrás que estás siendo congruente con lo que quieres ser.

Validación y una patada en el trasero

Una de las peores cosas de la positividad tóxica es que, cuando se usa en los momentos equivocados, niega lo que estamos sintiendo y nos hace sentir peor. Pero a veces necesitamos un pequeño empujón para salir adelante. Tal vez estés a un paso de completar una gran tarea o te hayas perdido un poco en el camino hacia tu próxima meta. Suele pasar, y la compasión y la validación ayudan mucho en esos momentos. También es posible que necesitemos darnos unas cuantas palabras de ánimo de vez en cuando.

Si solo pudieras llevarte una cosa de este libro, me gustaría que fuera esta lección: hay un poder inmenso en saber cuándo necesitas compasión y cuándo necesitas una patada en el trasero. A veces necesitas uno de ellos, y otras veces necesitas los dos. Tenemos que saber bailar la delicada danza de la validación y del esfuerzo por ampliar nuestros límites. Demasiado de uno o del otro harán que las cosas no terminen bien.

Tener compasión por ti mismo y validar tus sentimientos es realmente importante. No me canso de decirlo. Es probable que, por eso, la validación está de moda en este momento. Tan es así que, si nosotros (o alguien más) desafiamos una emoción, tratamos de mostrar una perspectiva diferente, o tal vez no la vemos como cien por ciento verdadera, se le considera *gaslighting*. Y lo entiendo, la validación es muy importante. Es muy útil. Y a veces, nos enfocamos demasiado en seguir avanzando, nos perdemos en el sentimiento y nos cuesta trabajo encontrar la salida. Tenemos que asegurarnos de no pasar de una positividad tóxica a la sobrevalidación, y de no quedarnos atascados.

Comencemos con qué es la validación y qué la hace útil. La validación puede parecer una apobación, pero no lo es. Cuando validas, en realidad solo estás diciendo:

- Acepto el hecho de que soy un ser humano que va a sentir muchas cosas.
- Tal vez no tenga sentido ahora, y es algo que estoy experimentando.
- Voy a sentir esto, a dejarlo pasar y luego a investigarlo o seguir con mi vida.

Por lo general, la validación es lo que necesitamos en un momento difícil. Cuando hablo con mis clientes para guiarlos a través de una situación difícil, me gusta usar la validación antes de seguir con las palabras de ánimo. Nos ayuda a atravesar la tormenta y luego, cuando salimos del otro lado, podemos decidir qué queremos hacer. Tal vez:

- Fue un mal día o un mal momento, y vas a seguir con tu vida.
- La reacción tenía su origen en algo más, y quieres averiguar qué es.
- Solo necesitabas un poco más de apoyo antes de mirarlo de otra manera o seguir adelante.

La validación es el comienzo del proceso. Nos lleva a comprender o a seguir adelante. Funciona mucho mejor que la vergüenza, la culpa o la positividad tóxica. Y cuando estamos dispuestos a usar la validación *y* a adoptar una nueva perspectiva o aprender algo, pueden suceder muchas cosas buenas.

La clave para vivir una vida plena y basada en valores a menudo radica en saber qué validar, por cuánto tiempo y cuándo darte un pequeño empujón. Intenta comenzar con la validación hasta que no haya vergüenza ni culpa y hayas aceptado que lo que sientes es lo que sientes. Después, si hay algo que realmente quieras lograr o hacer, tal vez puedas intentar esforzarte un poco más. Muévete despacio y observa si aparece alguno de estos sentimientos de culpa y/o vergüenza. Si empeoran o no te sientes motivado, puede que sea hora de un empujón un poco más fuerte. Aquí hay algunos ejemplos específicos:

- «Estoy sintiendo (nombre) y tengo derecho a experimentar este sentimiento. Este proyecto debe de ser muy importante para mí, así que voy a concentrarme y a seguir avanzando».
- Poner atención al sentimiento y elegir dar un paseo, o utilizar algún otro método de reinicio rápido, y luego regresar a lo que necesitas hacer.
- «Estoy experimentando un sentimiento y voy a permitirme procesar esto después. Ahora mismo, tengo que terminar esto».
- Pensar en razones por las que necesitas o quieres completar esta tarea.

No hay una fórmula exacta para esto (quisiera darte una, créeme). Se trata de ponerte en contacto con tus valores y tus objetivos y de aprender cómo respondes a la validación y a un empujoncito. Todos necesitamos una proporción diferente de cada uno, dependiendo de la situación.

Tómate un descanso de la espiral de autoayuda

Cuando comienzas a esforzarte por vivir una vida basada en valores en lugar de una vida basada en la felicidad, puedes tener la tentación de acelerar a fondo y resolver esto hoy mismo. Es lo que muchos de nosotros hacemos en un intento por ser mejores y sentirnos mejor. Quiero que hagas lo contrario de lo que casi cualquier libro de autoayuda circulando en el mercado probablemente te diría. Quiero que vayas despacio, que te tomes algunos descansos e incluso que abandones de vez en cuando.

Lo sé, parece contradictorio, pero intenta trabajarlo de la siguiente manera.

Creo que hay un valor inmenso en la introspección y en trabajar con nosotros mismos. Tanto es así que escribí un libro completo y publico todos los días en las redes sociales sobre cómo podemos mejorar nuestra salud mental. Todos tenemos cosas en las que podríamos trabajar o aprender sobre nosotros mismos para convertirnos en mejores parejas, integrantes de la familia, amigos y compañeros de trabajo. A veces tenemos que hacer este trabajo si queremos mantener ciertas partes de nuestra vida. Las enfermedades mentales y los problemas de salud mental son reales y requieren trabajo, tratamiento y, a menudo, ayuda profesional para sanar.

Pero también he visto un patrón peligroso en las redes sociales y dentro de las paredes de mi oficina: la gente se está obsesionando con la sanación. Es su enfoque principal. Es parte de todo lo que hacen. Es como la ortorexia (una obsesión por comer sano), pero para la mente. Hay una fijación en encontrar la «causa raíz» de todo, el autodiagnóstico, y descubrir qué trauma o evento de la infancia llevó a este comportamiento en tu vida adulta. Siempre hay un libro, una lista, una cita o un curso que promete ayudarte a alcanzar tu mejor versión. Lo que parecía una búsqueda positiva de superación personal se tergiversa cuando las personas se sienten defectuosas, fracasadas o inferiores.

Aquí hay algunas claves de que una práctica de sanación o de superación personal está impactando negativamente a alguien:

- Casi siempre encuentras nuevas cosas que mejorar o arreglar.
- Piensas que hay algo mal en ti.
- La creencia de que tienes que «sanar» o cambiar para ser aceptado.
- Sentirte mal cuando no estás persiguiendo de manera constante el bienestar, la salud o la mejora.
- Juzgar a las personas que no están eligiendo sanar o mejorar constantemente.
- No permitirte sentir o experimentar emociones difíciles porque eso significaría que no estás «curado».
- Todas o la mayoría de tus actividades diarias giran en torno a la salud o mejorarte a ti mismo de alguna manera.

Estas son solo algunas de las señales que he notado cuando alguien se involucra tan profundamente en la sanación que no está viviendo plenamente. Está trabajando para llegar a este lugar que en realidad no existe. Podría tachar muchas de las características en esta lista durante ciertas partes de mi vida. En mi formación como terapeuta, estaba muy concentrada en mostrarme como mi «mejor» yo ante los clientes. Quería ser la versión más sana e integrada de mí misma, porque se suponía que debía ser la líder y la modelo a seguir en el consultorio. También quería que todo lo que estaba sintiendo desapareciera tan desesperadamente que me obsesioné en arreglar, sanar y aprender. Ahora soy capaz de entrar y salir de la terapia. Leer un libro de autoayuda cuando tengo ganas y dejarlo cuando no. De hecho, puedo disfrutar de la vida, experimentar mis emociones y ser consciente de que hay cosas en las que tengo que trabajar. Ahora está claro que es un proceso de aceptación y crecimiento, más que una carrera hacia la perfección.

Siempre hay algo que arreglar o mejorar. En realidad, no tienes que perseguir la salud, la felicidad o el bienestar todo el tiempo. Tienes permiso de:

- Ver televisión o películas sin contenido educativo alguno.
- No hacer nada.
- Dormir.
- Comer algo solo porque sabe bien.
- Leer algo por diversión.
- Mover tu cuerpo para disfrutar.
- Navegar sin pensar en las redes sociales.

En serio, cómete la galleta. Mira la película. Lee el libro. No todo lo que hagas tiene que ser para mejorar tu salud, tus conocimientos, tu trabajo o tu cuerpo. Está bien simplemente ser. No hay una línea de meta ni un trofeo por ser el mejor. De hecho, probablemente te darás cuenta de que, cada vez que «arreglas» una cosa, el mundo comienza a pedirte que trabajes en otra. Tu «mejor» y «más feliz» *yo* siempre estará fuera de tu alcance. No es un destino específico que puedas alcanzar y disfrutar. De hecho, eres tu «mejor versión» cuando te equivocas y haces lo mejor que puedes, estableces límites y consideras a los demás, te disculpas cuando es necesario, pides ayuda y vives la vida bajo tus propias condiciones. La falta total de conciencia y cero trabajo en uno mismo es peligroso. Puede hacerte perder relaciones, empleos y otras facetas de tu vida. Pero una obsesión por la superación personal tampoco es la respuesta. No tengas miedo de descansar ni de disfrutar exactamente donde estás... incluso si eso significa cerrar este libro y dejar de seguirme en las redes sociales. En serio, hazlo si lo necesitas.

Está bien simplemente ser.

A veces, una pequeña fantasía positiva ayuda

Hay algunas situaciones en las que una ensoñación o una fantasía positiva pueden ser de gran ayuda. Gabriele Oettingen, investigadora y autora de *Rethinking Positive Thinking*, realizó varios estudios sobre el impacto de las fantasías y los sueños positivos en la motivación. Su investigación condujo sistemáticamente a un claro resultado: «Las fantasías positivas, deseos y sueños separados de una evaluación de la experiencia pasada no se tradujeron en una motivación para actuar hacia una vida más activa y comprometida. Se tradujeron en lo contrario». Esto significa que, si no tienes pruebas previas de que puedes lograr este objetivo y te apoyas en sueños o fantasías para lograrlo, no sentirás más motivación.[5] Si me imagino que voy a convertirme en una jugadora profesional de baloncesto con una altura de 1.65 metros y 34 años, por mucho que lo imagine, sueñe con eso e intente materializarlo, es muy probable que no lo consiga.

Si bien esta investigación indicó de manera clara que los sueños y las fantasías positivas generalmente no mejoran la motivación ni conducen a mejores resultados o rendimiento, estas fantasías cumplen una importante función en otras situaciones. La doctora Oettingen descubrió que los sueños o las fantasías positivas ayudan a distraernos mientras esperamos o superamos algo sumamente difícil. Esta estrategia la han utilizado soldados de combate, prisioneros y personas al final de su vida. Es más útil cuando no hay oportunidad de actuar y solo necesitamos atravesar esa experiencia. Proporciona placer a corto plazo y mantiene a las personas comprometidas con el proceso de espera.[6]

Las fantasías positivas y los sueños despiertos también se pueden usar para experimentar mentalmente un objetivo o explorar posibles caminos.[7] Digamos que sueñas despierto con convertirte en abogado. Tal vez te imagines sentado en un escritorio grande, pasando el rato con tus compañeros de trabajo y ganando un gran salario. Pero entonces tu mente se desvía hacia las noches largas y el tiempo que pasas frente a documentos complicados. Empiezas a cuestionarte si esta fantasía es realmente agradable o no. ¿Tal vez no quieras ser abogado? Los ejercicios de visualización positiva pueden llevarte a descubrir lo que realmente quieres y lo que no. A partir de ahí, puedes pasar a la acción.

La visualización positiva y las fantasías pueden ayudarnos a:

- Afrontar el dolor en el momento.
- Ser pacientes.
- Perseverar en situaciones en las que no tenemos control.

- Experimentar placer a corto plazo.
- Aclarar nuestros sueños y deseos.

La clave es saber cuándo utilizar las fantasías positivas y cuándo actuar.

Encontrar lo que funciona para ti

Así como no hay un solo camino hacia una vida plena, no hay algo que funcione para todas las personas. Como terapeuta, sé que esto es absolutamente cierto (y hay muy pocas cosas de las que diga eso). Todos vamos por el mundo con distintos valores, identidades, experiencias de vida y normas culturales. Nunca encontrarás una teoría psicológica o una práctica de autoayuda que se pueda aplicar a todas las personas del mundo, y eso está bien.

Elegir descartar la positividad tóxica y la búsqueda constante de la felicidad requiere que analicemos cómo queremos vivir, y cómo esas elecciones afectan a las personas que nos rodean. Significa priorizar nuestras propias necesidades y reconocer que todos a nuestro alrededor tienen sus propios valores y maneras de vivir. No podemos determinar qué es la felicidad para nadie más, y aún podemos responsabilizar a las personas, establecer límites y proteger nuestra propia energía. Al optar por no participar en la carrera por la felicidad, se crea un espacio para que todos forjemos nuestros propios caminos y dejemos de discutir sobre lo que debería hacernos felices. Es liberador.

Cuando abandonamos el camino predeterminado hacia la felicidad, ganamos acceso a muchísimo más. Podrás sentirlo todo: alegría y dolor, comodidad y malestar, crecimiento y estancamiento. Podrás sortear las olas de la vida y saber que no existe la felicidad como único destino final. Esto es todo. Esto es lo que tenemos, y todos los sentimientos, los altibajos, los cambios y el caos que la conforma sin duda hacen que este viaje llamado vida sea mucho más interesante.

Nota final: Recordatorios sobre el ser humano

He compartido muchas cosas contigo a lo largo de este libro. Es probable que algunas de tus creencias sobre la felicidad y el pensamiento positivo hayan sido cuestionadas en estos capítulos. Te agradezco que hayas leído hasta aquí y que hayas mantenido una mentalidad abierta. Sé que no es algo fácil de hacer.

Quiero dejarte unas notas sobre el ser humano antes de que regreses al mundo con todo este conocimiento, y algunos consejos para identificar la positividad tóxica fuera de este libro. Espero que esto te ayude a integrar lo que has aprendido.

- Vas a sentir una amplia gama de emociones. Algunas se sentirán mejor que otras. Acéptalas todas.
- El mejor indicador de la felicidad humana es la calidad de las relaciones de una persona. Retribuye a las personas que amas, pon límites y recuerda que las relaciones nunca son perfectas.

- Te vas a quejar y a sentirte negativo. Esto no significa que estés vibrando en una «frecuencia baja» o que tengas «malas vibras».
- La vida te pondrá obstáculos y te recompensará.
- La felicidad no siempre es la emoción óptima para todos los momentos.
- No manifestaste todo lo malo en tu vida, y cumples un papel integral en el proceso de sanación.
- No todo es posible para todas las personas, y tu vida tendrá sentido, propósito y alegría.
- Quizás el universo te dé más de lo que puedas manejar o soportar en este momento y —algún día, de un modo u otro— encontrarás a las personas, los lugares y las cosas que necesitas para lidiar con todo eso.

Cómo identificar la positividad tóxica en el mundo exterior

La positividad tóxica está por todas partes, y es importante que no veamos todo lo que sea feliz o positivo como algo tóxico. Recuerda: la positividad no es tóxica, *se vuelve* tóxica. Preparé el siguiente cuadro para ayudarte a navegar por la positividad tóxica frente a la positividad útil en el mundo real.

Positividad tóxica	Positividad útil
■ Le dice a las personas que no deberían de sentir lo que están sintiendo. ■ Significa que las personas son negativas si no pueden encontrarle el lado bueno a todo. ■ Anima a la gente a ser feliz todo el tiempo y a ver siempre lo «bueno». ■ Termina la conversación o la relación porque no queremos nada de «negatividad» o de «malas vibras». ■ Usa frases o afirmaciones que minimizan lo que la persona está experimentando, en un intento por ayudarla a «sentirse mejor» o a «superarlo». ■ Solo busca lo «bueno» e ignora todo lo «malo». ■ Avergüenza a las personas por tener días malos o momentos negativos.	■ Reconoce el valor de ver lo bueno y les permite a las personas tomarse el tiempo para llegar a sus propias conclusiones, de modo que les beneficien. ■ Reconoce que los seres humanos tienen una variedad de emociones, algunas más difíciles que otras, y permite que la gente vea los lados «buenos» y «malos» de una situación. ■ Comprende que no todas las situaciones tienen un lado bueno, y que aún sentiremos alegría. ■ Fomenta la expresión emocional de otros (con límites) y de nosotros mismos, teniendo en cuenta que, para que algunos sientan felicidad, a menudo tienen que procesar y superar su dolor. ■ Busca y reconoce los altibajos de una situación.

Entonces, si ves un letrero en un restaurante que diga «*Buenas vibras*», probablemente esté bien. ¡Estás ahí para pasártela bien! La positividad tóxica sería decirle a tu amigo que está deprimido: «De verdad necesitas trabajar en tus malas vibras, me están deprimiendo». ¿Ves la diferencia?

No toda la positividad, la felicidad o las buenas vibras son malas. Recuerda tener en cuenta el momento adecuado, tu audiencia y el tema de que están hablando. Esta es la mejor manera de identificar si algo es positividad tóxica.

Agradecimientos

Escribí este libro estando embarazada durante una pandemia. Fue la experiencia profesional más gratificante y desafiante que he tenido hasta ahora, y estoy segura de que nada de esto habría sido posible sin el apoyo y la orientación de tantas personas en mi vida.

A mi esposo; su incansable apoyo e interés en mi trabajo me han impulsado durante todo este proceso. Es un regalo increíble tener un compañero que quiere que tenga éxito, y que está comprometido en hacer que eso suceda, sin importar lo que pase. Espero que sigamos apoyándonos personal y profesionalmente por el resto de nuestras vidas. Hacemos un gran equipo. Tus habilidades de negociación de contratos y asesoramiento legal también fueron una gran ventaja durante este proceso.

Quiero agradecer a mi hijo, quien me brindó un suministro constante de hormonas y emociones a lo largo del proceso de escritura del libro. Me permitiste aprovechar sentimientos que ni siquiera sabía que estaban ahí. Gracias por el insomnio; escribí mucho durante esas tranquilas horas de la madrugada. No sé en qué te convertirás, pero siempre estaré orgullosa de ti, y espero que este libro también te haga sentir orgulloso de mí.

A mis padres, gracias por mostrarme que el crecimiento y el cambio siempre son posibles. Mamá, eres mi mayor animadora, mi mejor amiga y mi apoyo constante. Has apoyado mis redes sociales desde el primer día, y has sido mi caja de resonancia para ideas de publicaciones, la mayor defensora de los acosadores de internet y la correctora ortográfica número uno. Gracias por convertirte en la madre que siempre necesité. Verte navegar por la vida me ha enseñado que nunca es demasiado tarde para ponerte en primer lugar o aprender algo nuevo. Nunca dejaré de llamarte y enviarte mensajes de texto diez veces al día. Papá, me enseñaste a crear la carrera que siempre quise. Gracias por enseñarme a nunca aceptar un «no» por respuesta y a pedir siempre lo que merezco. Sé que heredé de ti mi total incapacidad para seguir el camino tradicional o trabajar para alguien más.

Tengo que agradecer a la persona que más me ha enseñado sobre la resiliencia y cómo hacer frente a la positividad tóxica: mi hermana. Verte navegar por la vida, cambiar de dirección y convertirte en esta versión de ti misma ha sido increíble. Estoy muy orgullosa de ti. Gracias por enseñarme algo nuevo cada día.

A mis suegros, gracias por convertirse en mi nueva familia, por siempre hacer preguntas sobre mi trabajo y por estar tan emocionados por mí. Sobre todo, gracias por criar a un hombre con el que siempre puedo contar. Los amo a todos. Y al resto de mi gran familia cubana del sur; nunca me he sentido sola sabiendo que están al pendiente de mí. No hay nadie como ustedes.

A mi editora, Marian; a mi agente, Laura Lee; y a todo el

equipo de TarcherPerigee, muchas gracias por creer en esta idea y por apoyarme durante todo el proceso. Lo hicieron divertido y simple. Agradezco su liderazgo, experiencia y dedicación. Siempre estaré agradecida de que pudiéramos trabajar juntos, me encantó cada minuto.

Mi comunidad de Instagram: hicieron posible este libro con su compromiso y apoyo. Gracias por todos los *likes*, *shares*, comentarios y mensajes. También tengo que agradecer a mis clientes, que me inspiran y me enseñan todos los días. Es un regalo poder aprender de todos ustedes. Este libro es para ustedes.

Y a todos mis amigos, gracias por el apoyo infinito. Compartieron mis publicaciones en redes, hicieron muchas preguntas sobre el libro y prometieron comprar todos los ejemplares. Gracias por mantenerme motivada en los días en que no estaba segura de adónde iba a ir todo este asunto de la «terapeuta de Instagram». Estoy muy agradecida por tener a todos y cada uno de ustedes en mi vida.

Lecturas recomendadas

Ahmed, Sara. (2010). «Killing Joy: Feminism and the History of Happiness». *Signs: Journal of Women in Culture and Society 35,* núm. 3: 571-594. https://doi.org/10.1086/648513.

_____. (2010). *La promesa de la felicidad.* Durham, NC: Duke University Press. https://doi.org/10.1515/9780822392781.

Andrade, Gabriel. (2019). «The Ethics of Positive Thinking in Healthcare». *Journal of Medical Ethics and History of Medicine,* 21 de diciembre. https//doi.org/10.18502/jmehm.v12i18.2148.

Brackett, Marc A. (2019). *Permission to Feel: Unlocking the Power of Emotions to Help Our Kids, Ourselves, and Our Society Thrive.* Nueva York: Celadon Books.

Ehrenreich, Barbara. (2010). *Bright-Sided: How the Relentless Promotion of Positive Thinking Has Undermined America.* Waterville, ME: Thorndike Press.

Oettingen, Gabriele. (2015). *Rethinking Positive Thinking: Inside the New Science of Motivation.* Nueva York: Current.

Taylor, Sonya Renee. (2021). *El cuerpo no es una disculpa: El poder del autoamor radical*. Oakland, CA: Berrett-Koehler Publishers, Inc.

Yakushko, Oksana. (2019). *Scientific Pollyannaism: From Inquisition to Positive Psychology*. Suiza: Palgrave Macmillan.

Notas

Capítulo 1

[1] Ruan. T Ruan, Yan, Harry T. Reis, Wojciech Zareba y Richard D. Lane. (2019). «Does Suppressing Negative Emotion Impair Subsequent Emotions? Two Experience Sampling Studies». *Motivation and Emotion 44*, núm. 3: 427-435. https://doi.org/10.1007/s11031-019-09774-w.
[2] Para profundizar sobre el concepto de «Nuevo Mundo» puedes revisar: Ehrenreich, Barbara. (2010). «The Dark Roots of American Optimism». En *Bright-Sided: How the Relentless Promotion of Positive Thinking Has Undermined America*. Waterville, ME: Thorndike Press.
[3] Nicole, Riger R. (2021). «From the Archives: The Five Points of Calvinism». Reformed Faith & Practice, 25 de mayo. https:// journal.rts.edu/article/from-thearchives-the-five-points-of-calvinism/.
[4] Para más información sobre el movimiento del Nuevo Pensamiento puedes revisar: «New Thought». *Encyclopedia Britannica*. Encyclopedia Britannica, Inc. Recuperado el 2 de junio de 2021 en https://www.britannica.com/event/New-Thought.
[5] Ehrenreich, Barbara. (2010). «The Dark Roots of American Optimism». En *Bright-Sided: How the Relentless Promotion of Positive Thinking has Undermined America*. Waterville, ME: Thorndike Press.
[6] Gottschalk, Stephen. (1998). «Mary Baker Eddy». *Encyclopedia Britannica*. Encyclopedia Britannica, Inc., 20 de julio. https://www.britannica.com/biography/Mary-Baker-Eddy. 30 (p. 38 de la traducción).
[7] Duclow, Donald. (2020). «William James, Mind-Cure, and the Religion of Healthy-Mindedness». *Journal of Religion and Health*, marzo. https://doi.org/10.1023/A:1015106105669.
[8] Hill, Napoleon. (2016). *Think and Grow Rich*. Sound Wisdom.
[9] Peale, Norman Vincent. (2019). *The Power of Positive Thinking*. Samaira Book Publishers.
[10] Yakushko, Oksana. (2019). *Scientific Pollyannaism: From Inquisition to Positive Psychology*. Springer.
[11] Yakushko, Oksana. (2019). *Scientific Pollyannaism: From Inquisition to Positive Psychology*. Springer.
[12] Hicks, Esther y Jerry Hicks. (2006). *The Law of Attraction: The Basics of the Teachings of Abraham*. 1.ª ed. Hay House, Inc.
[13] Coffey II, John K. (2019). «Happier Babies Have an Edge». *Scientific American*, 16 de octubre. https://blogs.scientififificamerican.com/observations/happier-babies-havean-edge/.

[14] Vassallo, S. y A. Sanson (eds.). (2013). «The Australian Temperament Project». Australian Institute of Family Studies, 30 de mayo. https://aifs.gov.au/publications/australian-temperament-project.
[15] Hurst, Katherine. (2021). «Manifestation Guide: How To Manifest Anything You Want In 24hrs». TheLawOfAttraction.com. Greater Minds. Recuperado el 2 de junio de 2021 en https://www.thelawofattraction.com/manifest-something-want-24hrsless.
[16] Oettingen, Gabriele. (2015). *Rethinking Positive Thinking: Inside the New Science of Motivation*. Current.

Capítulo 2

[1] Eker, T. Harv. (2005). *Secrets of the Millionaire Mind: Mastering the Inner Game of Wealth.*Harper Business.
[2] Fairs, Marcus. (2021). «Google Has Had Negative Effect on Office Design Says Jeremy Myerson». *Dezeen*, 10 de marzo. https://www.dezeen.com/2016/03/22/googleoffiffiffice-design-negative-effect-interiors-jere my-myerson/.
[3] Janice, Irving. (1991). *In A First Look at Communication Theory,* 235-246. Nueva York: McGraw-Hill Education.
[4] Duncan, Cath. (2010). «A User's Guide to Creative Tension». *Productive Flourishing*, 7 de junio. https://www.productiveflflflourishing.com/a-users-guide-to-creativetension/.
[5] Jiménez, Jacinta M. (2019). «Toxic Positivity: The Unexpected Killer of Creativity in the Workplace». LinkedIn, 27 de noviembre. https://www.linkedin.com/pulse/toxic-positivity-unexpected-killer-creativityjiménez-psyd-bcc/.
[6] Jiménez, Jacinta M. (2019). «Toxic Positivity: The Unexpected Killer of Creativity in the Workplace». LinkedIn, 27 de noviembre. https://www.linkedin.com/pulse/toxic-positivity-unexpected-killer-creativityjiménez-psyd-bcc/.
[7] Dahl, Melissa. (2016). «Huh, Would You Believe That Forcing Employees to Act Happy Is a Terrible Idea?». *The Cut*, 7 de noviembre. https://www.thecut.com/2016/11/forcing-employees-to-act-happy-is-a-terribleidea.html
[8] Tritch, Teresa. (2003). «Engagement Drives Results at New Cen- tury». *Gallup Management Journal*, 11 de septiembre. https://www.nova.edu/ie/ice/forms/engagement_drives_results.pdf.
[9] Bright, David S., Kim S. Cameron y Arran Caza. (2006). «The Amplifying and Buffering Effects of Virtuousness in Downsized Organizations». *Journal of Business Ethics 64*, núm. 3 (marzo): 249-269. https://doi.org/10.1007/s10551-005-5904-4.
[10] Bright, David S., Kim S. Cameron y Arran Caza. (2006). «The Amplifying and Bufering Efects of Virtuousness in Downsized Organizations». *Journal of Business Ethics 64*, núm. 3 (marzo): 249-269. https://doi.org/10.1007/s10551-005-5904-4.
[11] Bright, David S., Kim S. Cameron y Arran Caza. (2006). «The Amplifying and Bufering Efects of Virtuousness in Downsized Organizations». *Journal of Business Ethics 64*, núm. 3 (marzo): 249-269. https://doi.org/10.1007/s10551-005-5904-4.
[12] Bright, David S., Kim S. Cameron y Arran Caza. (2006). «The Amplifying and Bufering Efects of Virtuousness in Downsized Organizations». *Journal of Business Ethics 64*, núm. 3 (marzo 2006): 249-269. https://doi.org/10.1007/s10551-005-5904-4.
[13] Andrade, Gabriel. (2019). «The Ethics of Positive Thinking in Healthcare». *Journal of Medical Ethics and History of Medicine*, 21 de diciembre. https://doi.org/10.18502/jmehm.v12i18.2148.
[14] «The Growing Crisis of Chronic Disease in the United States». (2021). *Partnership to Fight Chronic Disease*. Recuperado el 2 de junio de 2021. http://www.fightchronicdisease.org/sites/default/files/docs/GrowingCrisisofChronicDiseaseintheUSfactsheet_81009.pdf.
[15] «Disability Impacts All of Us Infographic». Centers for Disease Control and Prevention, 16 de septiembre, 2020. https://www.cdc.gov/ncbddd/disabilityandhealth/infographic-disability-impactsall.html.
[16] Andrade, Gabriel. (2019). «The Ethics of Positive Thinking in Healthcare». *Journal of Medical Ethics and History of Medicine*, 21 de diciembre. https://doi.org/10.18502/jmehm.v12i18.2148.
[17] Andrade, Gabriel. (2019). «The Ethics of Positive Thinking in Healthcare». *Journal of Medical Ethics and History of Medicine*, 21 de diciembre. https://doi.org/10.18502/jmehm.v12i18.2148.
[18] «Well-Being Concepts». (2018). Centers for Disease Control and Prevention, 31 de octubre. https://www.cdc.gov/hrqol wellbeing.htm.
[19] Chamberlain, Dale. «Why Christians Should Beware the Trap of Toxic Positivity». *Her & Hymn*, 10 de noviembre, 2020. https://herandhymn.com/2020/06/25/toxicpositivity/.
[20] Murray, Kelly M., Joseph W. Ciarrocchi y Nichole A. Murray-Swank. (2007). «Spirituality, Religiosity, Shame and Guilt as Predictors of Sexual Attitudes and Experiences». *Journal of Psychology and Theology 35,* núm. 3: 222-234. https://doi.org/10.1177/009164710703500305.
[21] Ley, David J. (2017). «Overcoming Religious Sexual Shame». *Psychology Today*, 23

de agosto. https://www.psychologytoday.com/us /blog/women-whostray/201708/overcoming-religious-sexual-shame.

[22] Ehrenreich, Barbara. «God Wants You to Be Rich». En *Bright-Sided: How the Relentless Promotion of Positive Thinking Has Undermined America.* Waterville, ME: Thorndike Press.

[23] «In U.S. Decline of Christianity Continues at a Rapid Pace». Pew Research Center's Religion & Public Life Project, 9 de junio, 2020. https://www.pewforum.org/2019/10/17/in-u-s-decline-of-christianity-continuesat-rapid-pace/.

[24] Raab, Diana. «What Is Spiritual Bypassing?». *Psychology Today*, 23 de enero, 2019. https://www.psychologytoday.com/us/blog/the-empowerment-diary/201901/whatis-spiritual-bypassing.

[25] Levin, Jeff. «Religion and Mental Health: Theory and Research». *International Journal of Applied Psychoanalytic Studies*, 2010. https://doi.org/10.1002/aps.240.

[26] Yakushko, Oksana. *Scientific Pollyannaism: From Inquisition to Positive Psychology.* Springer, 2019.

[27] Yakushko, Oksana. *Scientific Pollyannaism: From Inquisition to Positive Psychology.* Springer, 2019.

Capítulo 4

[1] Cooper, Belle B. «Your Positive Work Culture Might Be Making Your Team Less Productive». Fast Company, 25 de abril, 2017. https://www.fastcompany.com/40411368/your-positive-work-culture-might-bemaking-your-team-less-productive.

[2] Andrade, Gabriel. «The Ethics of Positive Thinking in Healthcare». *Journal of Medical Ethics and History of Medicine*, 21 de diciembre, 2019. https://doi.org/10.18502/jmehm.v12i18.2148.

[3] Rose, Steve. «Do Positive Afirmations Work? A Look at the Science». Steve Rose, PhD Counselor, 25 de julio, 2020. https://steverosephd.com/do-positiveaffiffiffirmations-work/.

[4] Rose, Steve. «Do Positive Afirmations Work? A Look at the Science». Steve Rose, PhD, 25 de julio, 2020. https://steverosephd.com/do-positive-affirmations-work/.

[5] Brackett, Marc A. *Permission to Feel: Unlocking the Power of Emotions to Help Our Kids, Ourselves, and Our Society Thrive.* Nueva York: Celadon Books, 2019.

[6] Kalanthroff, Eyal, Noga Cohen y Avishai Henik. «Stop Feeling: Inhibition of Emotional Interference Following Stop-Signal Trials». *Frontiers in Human Neuroscience 7,*14 de marzo, 2013). https://doi.org/10.3389/fnhum.2013.00078.

[7] Valikhani, Ahmad, Fatemeh Ahmadnia, Alma Karimi y Paul J. Mills. «The Relationship between Dispositional Gratitude and Quality of Life: The Mediating Role of Perceived Stress and Mental Health». *Personality and Individual Differences* 141 (2019): 40-46. https://doi.org/10.1016/j.paid.2018.12.014.

[8] Ma, Lawerence K. y Eamonn Ferguson. «Supplemental Material for Does Gratitude Enhance Prosociality?: A Meta-Analytic Review». *Psychological Bulletin*, 2017. https://doi.org/10.1037/bul0000103.supp.

[9] Jans-Beken, Lilian, Johan Lataster, Denise Peels, Lilian Lechner y Nele Jacobs. «Gratitude, Psychopathology and Subjective Well-Being: Results from a 7.5-Month Prospective General Population Study». *Journal of Happiness Studies 19*, núm. 6, 30 de mayo, 2017): 1673-1689. https://doi.org/10.1007/s10902-017-9893-7.

[10] Jans-Beken, Lilian, Nele Jacobs, Mayke Janssens, Sanne Peeters, Jennifer Reijnders, Lilian Lechner y Johan Lataster. «Gratitude and Health: An Updated Review». *Journal of Positive Psychology 15*, núm. 6 (2019): 743-82. https://doi.org/10.1080/17439760.2019.1651888.

[11] Jans-Beken, Lilian, Nele Jacobs, Mayke Janssens, Sanne Peeters, Jennifer Reijnders, Lilian Lechner y Johan Lataster. «Gratitude and Health: An Updated Review». *Journal of Positive Psychology 15*, núm. 6 (2019): 743-782. https://doi.org/10.1080/17439760.2019.1651888.

[12] Jans-Beken, Lilian, Nele Jacobs, Mayke Janssens, Sanne Peeters, Jennifer Reijnders, Lilian Lechner y Johan Lataster. «Gratitude and Health: An Updated Review». *Journal of Positive Psychology 15,* núm. 6 (2019): 743-82. https://doi.org/10.1080/17439760.2019.1651888.

[13] Jans-Beken, Lilian, Nele Jacobs, Mayke Janssens, Sanne Peeters, Jennifer Reijnders, Lilian Lechner y Johan Lataster. «Gratitude and Health: An Updated Review». *Journal of Positive Psychology 15*, núm. 6 (2019): 743-82. https://doi.org/10.1080/17439760.2019.1651888.

[14] Valikhani, Ahmad, Fatemeh Ahmadnia, Alma Karimi y Paul J. Mills. «The Relationship between Dispositional Gratitude and Quality of Life: The Mediating Role of Perceived Stress and Mental Health». *Personality and Individual Differences* 141 (2019): 40-46. https://doi.org/10.1016/j.paid.2018.12.014.

[15] Valikhani, Ahmad, Fatemeh Ahmadnia, Alma Karimi y Paul J. Mills. «The Relationship between Dispositional Gratitude and Quality of Life: The Mediating Role of Perceived

Stress and Mental Health». *Personality and Individual Differences* 141 (2019): 40-46. https://doi.org/10.1016/j.paid.2018.12.014.

Capítulo 5

[1] Valikhani, Ahmad, Fatemeh Ahmadnia, Alma Karimi y Paul J. Mills. «The Relationship between Dispositional Gratitude and Quality of Life: The Mediating Role of Perceived Stress and Mental Health». *Personality and Individual Differences* 141 (2019): 40-46. https://doi.org/10.1016/j.paid.2018.12.014.
[2] Lenzen, Manuela. «Feeling Our Emotions». *Scientific American*, abril 2005. https://www.scientifificamerican.com/article/feeling-our-emotions/.
[3] Cherry, Kendra. «How Does the James-Lange Theory Account for Emotions?». *Verywell Mind*, 19 de noviembre, 2020. https://www.verywellmind.com/what-is-thejames-lange-theory-of-emotion-2795305.
[4] Brackett, Marc A. *Permission to Feel: Unlocking the Power of Emotions to Help Our Kids, Ourselves, and Our Society Thrive*. Nueva York: Celadon Books, 2019.
[5] Barrett, Lisa Feldman. *How Emotions Are Made*. Macmillan, 2017.
[6] Smith, Ryan, William D. Killgore y Richard D. Lane. «The Structure of Emotional Experience and Its Relation to Trait Emotional Awareness: A Theoretical Review». *Emotion* 18, núm. 5 (2018): 670-692. https://doi.org/10.1037/emo0000376.
[7] Smith, Ryan, William D. Killgore y Richard D. Lane. «The Structure of Emotional Experience and Its Relation to Trait Emotional Awareness: A Theoretical Review». *Emotion* 18, núm. 5 (2018): 670-92. https://doi.org/10.1037/emo0000376.
[8] University of Colorado at Boulder. «Your brain on imagination: It's a lot like reality, study shows». ScienceDaily. Recuperado el 7 de junio, 2021. https://www.sciencedaily.com/releases/2018/12/181210144943.htm.
[9] Smith, Ryan, William D. Killgore y Richard D. Lane. «The Structure of Emotional Experience and Its Relation to Trait Emotional Awareness: A Theoretical Review». *Emotion* 18, núm. 5 (2018): 670-92. https://doi.org/10.1037/emo0000376.
[10] Rodriguez, Tori. «Negative Emotions Are Key to Well-Being». *Scientific American*, mayo 2013. https://www.scientificamerican.com/article/negative-emotions-key-wellbeing/.
[11] Ruan, Yan, Harry T. Reis, Wojciech Zareba y Richard D. Lane. «Does Suppressing Negative Emotion Impair Subsequent Emotions? Two Experience Sampling Studies». *Motivation and Emotion 44*, núm. 3 (2019): 427-435. https://doi.org/10.1007/s11031-019-09774-w.
[12] Ruan, Yan, Harry T. Reis, Wojciech Zareba y Richard D. Lane. «Does Suppressing Negative Emotion Impair Subsequent Emotions? Two Experience Sampling Studies». *Motivation and Emotion 44*, núm. 3 (2019): 427-435. https://d10.1007/s11031-019-09774-w.
[13] Winerman, Lea. «Talking the Pain Away». American Psychological Association, octubre, 2006. https://www.apa.org/monitor/oct06/talking.
[14] Feeling Words. Steve Hein's EQI.org. Recuperado el 4 de junio, 2021. https://eqi.org/fw.htm.
[15] Cuncic, Arlin. «Understanding Inappropriate Affect». *Verywell Mind*, 9 de abril, 2020. https://www.verywellmind.com/understanding-inappropriate-affect-4767992.
[16] Cuncic, Arlin. «Understanding Inappropriate Affect». *Verywell Mind*, 9 de abril, 2020. https://www.verywellmind.com/understanding-inappropriate-affect-4767992.
[17] Cook, Gareth. «Why We Are Wired to Connect». *Scientific American*, 22 de octubre, 2013. https://www.scientificamerican.com/article/why-we-are-wired-toconnect/.
[18] Raypole, Crystal. «Let It Out: Dealing With Repressed Emotions». *Healthline*, 31 de marzo, 2020. https://www.healthline.com/health/repressed-emotions#takeaway.

Capítulo 6

[1] Hurst, Katherine. «Do You Have a "Low" or "High" Vibration? Read These 32 Signs». TheLawOfAttraction.com, 8 de abril, 2021. https://www.thelawofattraction.com/low-high-vibration-read-32-signs/.
[2] Kowalski, Robin M. «Complaints and Complaining: Functions, Antecedents, and Consequences». *Psychological Bulletin* 119, núm. 2 (1996): 179-96.https://doi.org/10.1037/0033-2909.119.2.179.
[3] Kowalski, Robin M. «Complaints and Complaining: Functions, Antecedents, and Consequences». *Psychological Bulletin* 119, núm. 2 (1996): 179-196. https://doi.org/10.1037/0033-2909.119.2.179.
[4] Kowalski, Robin M. «Complaints and Complaining: Functions, Antecedents, and Consequences». *Psychological Bulletin* 119, núm. 2 (1996): 179-196. https://doi.org/10.1037/0033-2909.119.2.179.
[5] Stillman, Jessica. «Complaining Is Terrible for You, According to Science». Inc., 29 de febrero, 2016. https://www.inc.com/jessica-stillman/complaining-rewires-yourbrain-for-negativity-science-says.html.

[6] Varma, Barbara Neal. «Complaining, for Your Health». *The Atlantic*, 8 de febrero, 2015. https://www.theatlantic.com/health/archive/2015/02/complaining-for-yourhealth/385041/.
[7] Kowalski, Robin M. «Complaints and Complaining: Functions, Antecedents, and Consequences». *Psychological Bulletin 119*, núm. 2 (1996): 179-96. https://doi.org/10.1037/0033-2909.119.2.179.
[8] Kowalski, Robin M. «Complaints and Complaining: Functions, Antecedents, and Consequences». *Psychological Bulletin* 119, núm. 2 (1996): 179-196. https://doi.org/10.1037/0033-2909.119.2.179.
[9] Kowalski, Robin M. «Complaints and Complaining: Functions, Antecedents, and Consequences». *Psychological Bulletin*119, núm. 2 (1996): 179-96. https://doi.org/10.1037/0033-2909.119.2.179.
[10] Kowalski, Robin M. «Complaints and Complaining: Functions, Antecedents, and Consequences». *Psychological Bulletin* 119, núm. 2 (1996): 179-196. https://doi.org/10.1037/0033-2909.119.2.179.
[11] Kowalski, Robin M. «Complaints and Complaining: Functions, Antecedents, and Consequences». *Psychological Bulletin* 119, núm. 2 (1996): 179-96. https://doi.org/10.1037/0033-2909.119.2.179.
[12] Varma, Barbara Neal. «Complaining, for Your Health». *The Atlantic*, 8 de febrero, 2015. https://www.theatlantic.com/health/archive/2015/02/complaining-for-yourhealth/385041/.
[13] Kowalski, Robin M. «Complaints and Complaining: Functions, Antecedents, and Consequences». *Psychological Bulletin* 119, núm. 2 (1996): 179-196. https://doi.org/10.1037/0033-2909.119.2.179.
[14] Kowalski, Robin M. «Complaints and Complaining: Functions, Antecedents, and Consequences». *Psychological Bulletin* 119, núm. 2 (1996): 179-196. https://doi.org/10.1037/0033-2909.119.2.179.
[15] Cuncic, Arlin. «What Is Radical Acceptance?». *Verywell Mind*, 26 de mayo, 2021. https://www.verywellmind.com/what-is-radical-acceptance-5120614.
[16] Linehan, Marsha M. *DBT Skills Training Manual*. 2.ª ed. Nueva York: Guilford Publications, 2014.
[17] Kowalski, Robin M., Brooke Allison, Gary W. Giumetti, Julia Turner, Elizabeth Whittaker, Laura Frazee y Justin Stephens. «Pet Peeves and Happiness: How Do Happy People Complain?». *Journal of Social Psychology* 154, núm. 4, 13 de diciembre, 2013): 278-282. https://doi.org/10.1080/00224545.2014.906380.

Capítulo 7

[1] «Pain Is More Intense When Inflicted on Pur- pose». (2008). *Harvard Gazette*, 18 de diciembre. https://news.harvard.edu /gazette/story/2008/12/pain-is-more-intensewhen-inflicted-on-purpose/.
[2] Tannenbaum, Melanie. «“But I Didn’t Mean It!” Why It’s so Hard to Prioritize Impacts over Intents». *Scientific American*, 14 de octubre, 2013. https://blogs.scientificamerican.com/psysociety/e2809cbut-i-didne28099t-meanite2809d-why-ite28099s-so-hard-to-prioritize-impacts-over-intents/.
[3] Hamilton, David R. «Does Your Brain Distinguish Real from Imaginary?». Dr. David R Hamilton, PhD, 30 de octubre, 2014. https://drdavidhamilton.com/does-your-braindistinguish-real-from-imaginary/.
[4] Ito, Tiffany A., Jeff T. Larsen, N. Kyle Smith y John T. Cacioppo. «Negative Information Weighs More Heavily on the Brain: The Negativity Bias in Evaluative Categorizations». *Journal of Personality and Social Psychology* 75, núm. 4 (1998): 887-900. https://doi.org/10.1037/0022-3514.75.4.887.
[5] Kowalski, Robin M. «Complaints and Complaining: Functions, Antecedents, and Consequences». *Psychological Bulletin* 119, núm. 2 (1996): 179-196. https://doi.org/10.1037/0033-2909.119.2.179.

Capítulo 8

[1] Canfield, Jack. «Using the Law of Attraction for Joy, Relationships, Money & Success». Jack Canfield: Maximizing Your Potential. Recuperado el 7 de junio. 2021 https://www.jackcanfield.com/blog/using-the-law-of-attraction/.
[2] Yakushko, Oksana. *Scientific Pollyannaism: From Inquisition to Positive Psychology*. Springer, 2019.
[3] Yakushko, Oksana. *Scientific Pollyannaism: From Inquisition to Positive Psychology*. Springer, 2019.
[4] Yakushko, Oksana. *Scientific Pollyannaism: From Inquisition to Positive Psychology*. Springer, 2019.
[5] Yakushko, Oksana. *Scientific Pollyannaism: From Inquisition to Positive Psychology*. Springer,2019.

[6] Hicks, Esther y Jerry Hicks. *The Law of Attraction: The Basics of the Teachings of Abraham.* 1.ª ed. Hay House, Inc., 2006.
[7] «Determinants of Health». Office of Disease Prevention and Health Promotion, 26 de mayo, 2010. https://www.healthypeople.gov/2020/about/foundation-healthmeasures/Determinants-of-Health.
[8] Ahmed, Sara. «Killing Joy: Feminism and the History of Happiness». *Signs: Journal of Women in Culture and Society 35*, núm. 3 (2010): 571-94. https://doi.org/10.1086/648513.
[9] Yakushko, Oksana. *Scientific Pollyannaism: From Inquisition to Positive Psychology.* Springer, 2019.
[10] Yakushko, Oksana. *Scientific Pollyannaism: From Inquisition to Positive Psychology.* Springer, 2019.
[11] Ahmed, Sara. *La promesa de la felicidad.* Duke University Press, 2010.
[12] Ahmed, Sara. (2010). «Killing Joy: Feminism and the History of Happiness». *Signs: Journal of Women in Culture and Society 35*, núm. 3: 571-594. https://doi.org/10.1086/648513.
[13] Ahmed, Sara. *La promesa de la felicidad.* Duke University Press, 2010.
[14] Ahmed, Sara. *La promesa de la felicidad.* Duke University Press, 2010.
[15] «How Dieting Became a $71 Billion Industry». CNBC, 11 de enero, 2021. https://www.cnbc.com/video/2021/01/11/how-dieting-became-a-71-billion-industry-from-atkins-and-paleo-to-noom.html.
[16] Marley-Henschen, Holly. «"Who Is Profiting off of My Insecurity?"» Tone Madison, 19 de marzo, 2019. https://www.tonemadison.com/articles/who-is-profiting-off-ofmy-insecurity.
[17] Weingus, Leigh. «Inside the Body Image Movement That Doesn't Focus on Your Appearance». *HuffPost*, 15 de agosto, 2018. https://www.huffpost.com/entry/what-isbody-neutrality_n_5b61d8f9e4b0de86f49d31b4.
[18] Yakushko, Oksana. *Scientific Pollyannaism: From Inquisition to Positive Psychology.* Springer, 2019.
[19] Kushlev, Kostadin, Elizabeth W. Dunn y Richard E. Lucas. (2015). «Higher Income Is Associated with Less Daily Sadness but Not More Daily Happiness». *Social Psychological and Personality Science 6*, núm. 5: 483-489. https://doi.org/10.1177/1948550614568161.
[20] Ahmed, Sara. *La promesa de la felicidad.* Duke University Press, 2010.
[21] Ahmed, Sara. *La promesa de la felicidad.* Duke University Press, 2010.

Capítulo 9

[1] Mauss, Iris B., Craig L. Anderson y Nicole S. Savino. (2011). «Can Wanting to Be Happy Make People Unhappy? Paradoxical Effects of Valuing Happiness». *PsycEXTRA Dataset* 11, núm. 4 (agosto): 807-815. https://doi.org/10.1037/e634112013-296.
[2] Whippman, Ruth. «Americans Are Spending a Fortune on Finding Happiness—and Becoming Less Happy in the Process». Quartz, 7 de octubre, 2016. https://qz.com/803055/america-the-anxious-americans-are-spending-a-fortune-onfinding-happiness-and-becoming-less-happy-in-the-process/.
[3] Lush, Tamara. «Poll: Americans Are the Unhappiest They've Been in 50 Years». Associated Press, 16 de junio, 2020. https://apnews.com/article/virus-outbreakhealth-us-news-ap-top-news-racial-injustice-0f6b9be04fa0d3194401821a72665a50.
[4] Zhang, Chun-Qing, Emily Leeming, Patrick Smith, Pak-Kwong Chung, Martin S. Hagger y Steven C. Hayes. «Acceptance and Commitment Therapy for Health Behavior Change: A Contextually-Driven Approach». *Frontiers in Psychology* 8 (2018). https://doi.org/10.3389/fpsyg.2017.02350.
[5] Oettingen, Gabriele. *Rethinking Positive Thinking: Inside the New Science of Motivation.* Current, 2015.
[6] Oettingen, Gabriele. *Rethinking Positive Thinking: Inside the New Science of Motivation.* Current, 2015.
[7] Oettingen, Gabriele. *Rethinking Positive Thinking: Inside the New Science of Motivation.* Current, 2015.